教育部人文社会科学研究规划基金项目 10YJA850040 资助

陕西师范大学出版基金资助出版

西部边疆研究丛书

合为一家

十六国北魏时期的民族认同

吴洪琳

著

社会科学文献出版社
SOCIAL SCIENCES ACADEMIC PRESS (CHINA)

"西部边疆研究丛书"
总　序

　　中国西部边疆地域广袤，资源丰富，民族众多，历史悠久，文化灿烂。古代丝绸之路贯穿其间，东西方四大文明荟萃于此，故近代以来一直是国际学术界关注的重点研究区域，产生了一批具有世界意义的经典学术领域和"热门学科"，诸如藏学、敦煌吐鲁番学、西域学、中亚学、丝路学等，代表并引领着国际学术界的发展潮流，成为多种学科的活水源头。历史上，西部边疆各族人民创造的辉煌历史，成为中国历史不可分割的部分。在新形势下，西部边疆已发生了巨大的变化，焕发了新的活力，边疆各族人民与全国人民一道正向全面建成小康社会奋进。然而，处于中国西部的边疆地区，在当今的新形势下，仍然存在着一系列亟须研究和解决的问题。比如，西部边疆地区面临中南亚复杂多变的政治局势，西方势力插手中南亚事务的意图越来越强烈，中南亚一些国家内部事务也日趋复杂化，民生问题、毒品问题、极端主义、分裂主义和恐怖主义等不确定因素日益增多，突发事件频发。这也与我国的能源安全、边疆安全息息相关。又如，西部边疆地区大部分处于生态环境脆弱地区，不合理的开发极易造成环境的恶化；而西部边疆各少数民族地区社会经济发展水平普遍滞后，区域发展差距显著，由此引发了一系列社会问题，进而影响到民族团结、社会稳定乃至国家安全。西部边疆地区的长治久安可以说是我国全面建成小康社会的重中之重。总之，无论从边疆学及其他世界热门学科的继承和发展，还是从现实西部边疆面临的复杂局势和层出不穷的新问题来看，西部边疆研究均具有十分重大的意义。而边疆学是从多学科角度对边疆开展综合研究的一门新兴交叉学科，是在传统边疆史地研究、民族研究的基础上，将边疆视为一个整体、一个完整的研究对象，综合运用民族学、历史学、政治学、经济学、国际关系等学科知识和理论，将基础研究与应用研究相结合，对边疆的历史、现状和未来展开多角度考察，以揭示边疆形成发展的历史和规律，全面科学地认识边疆的现状，更好地服务于边疆经济社会的发展、边疆的和谐稳定、国家的对外开放和外交政策的制定。有鉴于此，陕西师范大学中国西部边疆研究院组织编写"西部边疆研究丛书"。这套丛书是在原陕西师范大学西北民族研究中心（2013 年改建为"中国西部边疆研究院"）创办的"西北民族研究丛书"改版之继续，基本保持原丛书的风貌及宗旨：以编辑出版那些探讨古今（特别是当今现实问题）与西部边疆（主要是新疆、西藏，兼及西部其他边疆地区）相关的学术专著为主，酌情收录有价值的资料汇编、译著等。由丛书编辑委员会负责审定选题、书稿及联系出版事宜，并面向全国（包括港台）及世界各国学术界征稿。我们仍然殷切希望本套丛书能一如既往地继续得到中外学者和广大读者的支持和批评。

"西部边疆研究丛书"编辑委员会

2016 年 11 月

目　录

绪 论

　　中国自古以来就是一个多民族国家，中华民族作为一个自觉的民族实体，是近代建构的产物，但作为自在的民族实体，是几千年历史发展的结果。在中华民族形成发展的过程中，各民族之间的互相认同是一个重要的内在动因。再加之，从群体视角看，民族认同是衡量民族关系的一个指标，同时也是影响民族关系的重要因素，关系到一个政权或国家的政治稳定与长远发展。因此，为了更好地认识中华民族历史发展过程，考察历史上各民族之间的认同就非常必要。

　　十六国北朝时期是中国历史上民族融合的重要时期之一，具有承上启下的地位和作用；同时十六国北朝时期也是多元文化激荡的时期，因此在这一时期，民族与文化等诸多因素交织在一起，使这一时期民族认同的具体表现及特点非常具有典型性和代表性。而且，在这一时期各个民族之间的互动非常频繁，混居杂处、冲突融合的现象得到了充分的展示，这一历史现象为中华民族在近代史上的构建提供了坚实的基础。本书以十六国北朝这样一个比较有代表性的时期的民族认同为研究对象，以下两个方面也是主要考虑因素。

（1）两汉以来随着北方游牧民族的内迁，以长城为界线的农牧分界和华戎分界被打破，两种处于不同文化背景下的民族杂居生活在同样的生活空间里，政权更替和人员迁徙频繁无序，农业文明和游牧文明互相之间的那种来自民族认同的不安全感时时威胁着每一个人。（2）佛教作为一种异域文明在东汉时期的传入，也给以儒家文化为代表的中国传统文化有力的冲击，内迁游牧民族积极主动地扶持、崇信此宗教，以此作为与儒家文化抗衡的一个思想武器，使得儒家文化面临前所未有的冲击。

"认同"一词原本是一个哲学意义的概念，后来被著名心理学家弗洛伊德引用到心理学上："认同是个人与他人、群体或被模仿人物在感情上、心理上的趋同过程。"① 随着认同研究的深入，"认同"概念开始走出单一的心理学研究视角，进入广泛的人文和社科领域，成为当代学术界的一大流行词，并聚焦于民族、国家这类社会群体，国内外学者对之表现出了浓厚的兴趣。而"民族认同"这一词语中的"认同"是指个人或群体通过辨别和取舍，在情感上、意识上、行为上与他人或某一群体连接为一体的一种动态的心理过程。它既包括对本民族的认同，同时也包括对他民族的一种接纳与认可。简单地说，认同就是指一个人或一个群体在特定的情境下，认为自己是属于某一个社会群体的情感表达，主要表现在民族心理、民族意识、民族成见与歧视等几个方面，基于这样的认识，现将十六国北魏时期有关民族认同的研究成果综述如下。

本书的论述主要从两个方面展开：一是以文本资料为主探讨十六国时期各个民族的认同状况；二是以图像资料即北魏时期佛

---

① 车文博：《弗洛伊德主义原理选辑》，辽宁人民出版社，1988，第375页。

教造像中的供养人及题记为主研究北朝时期的民族认同情况。因此对于十六国北朝时期民族认同的研究现状及趋势，也主要分为两个部分介绍。

1. 以文本资料为主的研究情况

关于十六国北朝时期的民族认同，目前还没有专门的著作，段锐超的博士学位论文系统分析了北朝时期的民族认同，但他理解的民族认同的含义与本书的民族认同相比略微宽泛了一些。他在文中使用的认同不仅包括民族身份的认同，也包括了民族文化的认同，而且段锐超的论文只是将时间限定在了北朝时期，并没有涉及十六国时期[①]。彭丰文的《两晋时期国家认同研究》一书对当时的民族认同有所涉及，但切入点主要是国家认同，而且作者只选取了两晋及十六国时期的个别政权，还有一些政权或民族的情况没有涉及[②]。此外，王明珂先生的几部著作，皆涉及民族认同的许多理论问题[③]。另外许多研究十六国北朝时期民族史的论著或多或少，或隐或显都会论及与本文有关的内容，但都不是专门研究，故在此不一一提及。其他专门探讨十六国北朝时期民族认同的论文也不多见，但是与此相关或虽没有冠以民族认同但实际研究内容可以纳入民族认同的论文还是有一些。这些论文的内容主要包括以下几个方面。

祖源攀附：十六国北朝时期，号称与华夏民族同源共祖是内迁民族的一个普遍现象，这行为和现象从血缘和伦理上认证了民

① 段锐超：《北朝民族认同研究》，博士学位论文，郑州大学，2014。
② 彭丰文：《两晋时期国家认同研究》，民族出版社，2009。
③ 王明珂：《华夏边缘——历史记忆与族群认同》（增订本），浙江人民出版社，2013；《羌在汉藏之间——川西羌族的历史人类学研究》，中华书局，2008；《英雄祖先与弟兄民族——根基历史的文本与情境》，中华书局，2009。

族国家统一的必要性和必然性，研究民族史或断代史的学者都注意到了这一现象，在论著中多有涉及，何德章①、温海清②等人非常详尽地罗列、分析了伪托望族与冒袭先祖的具体情况；董文武从魏晋南北朝时期的民族史撰述情况分析了祖源攀附所表现出来的民族一统、同祖同源观③；张军分析了十六国北朝祖源攀附的现象及意义，同时也阐述了祖源攀附与十六国北朝意识形态构建之间的关系④；尚永亮、龙成松对中古胡姓家族之族源叙事与民族认同进行了比较深入的分析⑤；在祖源攀附中，祖先谱系的建构是一个重要环节，因此一些学者对中古时期的这一现象进行探索，如仇鹿鸣⑥、范兆飞⑦、尹波涛⑧、吴曼玉⑨等，只不过有一些学者论述的重点并不在民族认同。

"夷夏之辨"自古是华夏民族排斥其他民族的一个思想武

---

① 何德章：《伪托望族与冒袭先祖——以北族人墓志为中心》，《魏晋南北朝隋唐史资料》，2000。

② 温海清：《北魏、北周、唐时期追祖李陵现象述论——以"拓跋鲜卑系李陵之后"为中心》，《民族研究》2007年第3期。

③ 董文武：《魏晋南北朝时期的民族史撰述与民族一统、同祖同源观》，《河北学刊》2007年第6期。

④ 张军：《十六国北朝时期祖源攀附现象考论》，《扬州大学学报》（人文社会科学版）2014年第2期；《祖源攀附与十六国北朝时期意识形态建构》，《青海社会科学》2013年第4期。

⑤ 尚永亮、龙成松：《中古胡姓家族之族源叙事与民族认同》，《文史哲》2016年第4期。

⑥ 仇鹿鸣：《攀附先世与伪冒士籍——以渤海高氏为中心的研究》，《历史研究》2008年第2期。

⑦ 范兆飞：《中古郡望的成立与崩溃——以太原王氏的谱系塑造为中心》，《厦门大学学报》（哲学社会科学版）2013年第5期。

⑧ 尹波涛：《北魏时期杨播家族建构祖先谱系过程初探——以墓志为中心》，《中国史研究》2013年第4期。

⑨ 吴曼玉：《中古时期代北窦氏的祖先谱系建构与郡望伪冒》，《西北民族论丛》2018年第17辑。

器，每当民族冲突与民族矛盾激烈的时候，"夷夏之辨"便屡屡被提及，甚至成为当时社会的一个普遍现象，十六国北朝时期也是如此，而与夷夏之辨关联比较密切的就是政权或王朝的正统性与合法性的讨论，因此关于此方面的研究比较多，而在讨论正统性与合法性的同时，一般都会涉及民族认同：日本学者川本芳昭关注了十六国时期汉族的胡族观、胡族的汉族观及正朝正统观念的变化①；何德章探讨了北魏国号与正统性问题②；罗新从德运变化揭示十六国各政权的正统观③；彭丰文专门论述了十六国时期胡人正统观的嬗变④；秦永州⑤、邓乐群⑥等人对此问题也多有涉及；张俊飞从年号上分析十六国政权的文化及政治取向⑦。另一些学者则是对十六国北朝时期某个具体政权的正统观进行分析，如赵红梅⑧、李路⑨等对慕容鲜卑正统意识及其演变进行了论述。

十六国时期的中国认同或中国观：由于在古代，"中国"一词

①　〔日〕川本芳昭撰《关于五胡十六国北朝时代的"正统"王朝》，邓红、牟发松译，《北朝研究》第 2 辑，北京燕山出版社，2001。

②　何德章：《北魏国号与正统问题》，《历史研究》1992 年第 3 期。

③　罗新：《十六国北朝的五德历运问题》，《中国史研究》2004 年第 3 期。

④　彭丰文：《试论十六国时期胡人正统观的嬗变》，《民族研究》2010 年第 6 期。

⑤　秦永州：《东晋南北朝时期中华正统之争与正统再造》，《文史哲》1998 年第 1 期。

⑥　邓乐群：《十六国胡族政权的正统意识与正统之争》，《南通师范学院学报》（哲学社会科学版）2004 年第 4 期。

⑦　张俊飞：《从年号看十六国政权之文化与政治取向》，《江苏教育学院学报》（社会科学版）2007 年第 1 期。

⑧　赵红梅：《"渐慕华风"至"尊晋勤王"——论慕容廆时期前燕的中华认同》，《东北师大学报》（哲学社会科学版）2009 年第 4 期；《慕容鲜卑早期历史探论——关于慕容氏的起源及其对华夏文化的认同问题》，《学习与探索》2011 年第 3 期；《前燕正统观的发展变化——兼及中原士人出仕前燕心态》，《北方论丛》2011 年第 6 期。

⑨　李路、李德山：《十六国时期慕容鲜卑正统意识的演变》，《北华大学学报》（社会科学版）2018 年第 1 期。

含义比较丰富，既有地名、政权名等的含义，同时也是民族即华夏民族的代称，因此分析十六国北朝时期的中国观或中国认同也难免会论及民族认同，宋秀英、李大龙从古代疆域形成的角度分析了北疆民族对"中国"的认同①；李方则分析了前秦的中国观②；马艳辉从各政权自称中国这一现象分析了十六国北朝的中国观③；赵红梅则具体分析了慕容鲜卑对中国认同问题④；胡阿祥⑤讨论中国古代政权国号时也对十六国时期的中国观略有涉及。

民族心理在一定程度上是民族认同的一个具体反映，有关十六国北朝时期民族心理多为具体的个案研究。孔毅⑥、张国安⑦等人分析了孝文帝迁都之后六镇鲜卑群体心态的演变；陶贤都分析了北朝士人对南朝政权的态度⑧；王永平则具体分析了崔浩的南朝情结⑨；许永涛的硕士学位论文对汉族工人与胡族政权的对抗与合作状况进行了展示⑩；张德寿探析了拓跋鲜卑的心态与崔

---

① 宋秀英、李大龙：《刘渊政权的出现与北疆民族主动认同"中国"的开始——中国古代疆域形成理论探讨之二》，《中国边疆史地研究》2005 年第 2 期。
② 李方：《前秦苻坚的中国观与民族观》，《西北民族研究》2010 年第 1 期。
③ 马艳辉：《自称与认同：十六国北朝时期的"中国"观》，《云南民族大学学报》（哲学社会科学版）2016 年第 5 期。
④ 赵红梅：《慕容鲜卑"中国"认同观念探讨——以前燕"中国"认同形式多样化为中心》，《黑龙江社会科学》2017 年第 2 期。
⑤ 胡阿祥：《中国历史上的汉国号》，《江苏行政学院学报》2005 年第 5 期。
⑥ 孔毅：《北魏后期六镇鲜卑群体心态的演变》，《重庆师院学报》（哲学社会科学版）1999 年第 2 期。
⑦ 张国安：《试论六镇鲜卑的民族融合》，《河南师范大学学报》（哲学社会科学版）1990 年第 1 期。
⑧ 陶贤都：《北朝汉族士人对待南朝政权的态度分析》，《广州大学学报》（社会科学版）2003 年第 10 期。
⑨ 王永平：《崔浩之南朝情结及其与南士之交往考析》，《学术研究》2008 年第 5 期。
⑩ 许永涛：《十六国时期的"胡族政权"和汉族士人》，硕士学位论文，青海师范大学，2010。

浩国史之狱的原因①；等等。

还有一些学者对具体某个人物的民族认同也进行了分析，如罗新曾以个案分析了北齐时期韩长鸾等人的认同问题②；北齐口语"汉儿"的含义在一定程度上反映了当时的民族认同，学者苏航③、杨栋娟④等对此问题进行了解析和论述。

2. 利用图像资料的研究状况

佛教自汉代传入中国之后，造像之风也非常盛行，出现了以"四大石窟"为代表的众多石窟及民间造像。这些造像非常直观地映射了当时社会的经济、政治、文化、宗教等诸多方面。因此，学者从多学科的角度对佛教造像进行研究，或从考古学的视角对石窟造像的结构、类型、变化、分期等方面进行研讨；或从艺术史方面研究造像构图、艺术手法等；社会生活史的学者则从造像中人物的服饰、发型等研究当时民众的社会生活状况；民族史的专家也在造像方面用力较多，主要探讨造像中反映出来的民族迁徙、民族关系等，产出了非常重要的成果，总之，以上诸学科领域的成果非常丰富。

但是，对于石窟造像中反映的民族认同这一问题，相关方面的分析与研究成果较少。十六国及北魏时期，佛教在统治阶级倡导下迅速兴盛，进而造像之风渐兴。造像的出资者（供养人），

① 张德寿：《拓跋鲜卑统治者的心态与崔浩国史之狱》，《云南师范大学学报》（哲学社会科学版）2002 年第 2 期。
② 罗新：《北齐韩长鸾之家世》，《北京大学学报》（哲学社会科学版）2006 年第 1 期。
③ 苏航：《"汉儿"歧视与"胡姓"赐与——论北朝的权利边界与族类边界》，《民族研究》2018 年第 1 期。
④ 杨栋娟：《北齐"汉儿"等语境下的华夏认同建构》，《青海民族大学学报》（社会科学版）2017 年第 3 期。

在造像中展示自己、家族、亲眷和奴婢等人的形象，并标注题记以记录功德、解释供养目的。而造像中的供养人形象、题记，则反映了供养者一定的民族认同倾向。"通过对服饰、发型、物件以及空间结构的描绘，可以清楚地反映供养人的性别、族群系属、亲属关系、职业以及社会地位，这些都是认同建构的核心要素"①，而且"造像记里所反映的是一代人民群众的思想意识、宗教信仰和心态，它有同于大人先生们的地方，也就有异于达官贵人的地方"②。因此以佛教造像资料为主研究北魏时期的民族认同是一件非常有意义的事情。

其实在近代以前，一些学者就已经开始利用造像记资料，他们认为造像记可以"证经典之异同，正诸史之谬误，补载籍之缺佚，考文字之变迁"③。马长寿先生《碑铭所见前秦至隋初的关中部族》一书可说是利用造像记资料进行民族史研究的典范之作，此书通过造像题记中出现的姓氏等内容，分析与印证中古时期关中各族的族属渊源、姓氏变迁、分布、通婚及融合等相关问题。④ 马先生将碑铭置于当时特定的社会政治环境中，还原与解析了碑铭资料中所暗含的民族关系、民族融合。虽然其主要目的并不是研究造像中的民族认同，但其着重分析的民族关系与民族融合也在一定程度上反映了当时的民族认同状况。

除此之外，近几年侯旭东利用造像记资料研究中古时期民众

① 王静芬撰《族性与认同——南北朝时期作为佛教艺术供养人的北方游牧民》，郑杰译，《西北民族论丛》2014年第10辑。
② 侯旭东：《五六世纪北方民众佛教信仰——以造像记为中心的考察》，社会科学文献出版社，2015，第2页。
③ 朱剑心：《金石学》，浙江人民美术出版社，2015，第4页。
④ 马长寿：《碑铭所见前秦至隋初的关中部族》，广西师范大学出版社，2006。

佛教信仰、民族关系以及国家认同，成果丰硕。他通过探讨佛教流行于北方社会的历史背景，注意到供养者的阶层性，并将具有不同背景的造像者分类，以讨论造像记中所见的民众信仰以及国家认同等。

国外学者王静芬从供养人造像服饰、站位、排序入手，研究供养人的族群系属、社会地位及认同，他认为在佛教的庇佑下胡、汉民众融合在一起。① 该文涉及供养人的服饰、站位、排序中的尊卑现象等，研究思路比较新颖。日本学者石松日奈子是国外学者中研究中国石窟造像成绩非常突出的学者，她在研究云冈石窟造像的过程中，也对佛教造像服饰反映的民族问题略有涉及。②

综上所述，此前国内外学者对石窟造像的研究主要集中在考古学、民族学、美术学等方面，较少有学者从民族史和图像学的角度，从石窟造像供养人及题记方面着手研究其中所反映的民族认同。因此，本书试图在此方面做一些努力。

---

① 王静芬：《族性与认同——南北朝时期作为佛教艺术供养人的北方游牧民》，郑杰译，《西北民族论丛》2014 年第 10 辑。
② 〔日〕石松日奈子撰《北魏佛教造像史研究》，筱原典生译，文物出版社，2012；《"皇帝即如来"·昙曜·云冈石窟　北魏平城时代的佛教造像》，《紫禁城》2016 年第 10 期；《云冈中期石窟新论——沙门统昙曜的地位丧失和胡服供养人像的出现》，《考古与文物》2004 年第 5 期。

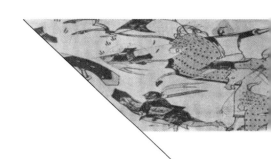

文本
十六国时期的民族认同

十六国汉、赵国号的取舍
与内迁民族的认同

　　中国历史上的十六国时期是民族频繁互动及融合的重要时期，在此期间，两汉以来内迁的各少数民族利用风云变幻的局势纷纷建立了各自的政权。匈奴刘氏建立的汉、赵政权是中国历史上北方少数民族在中原地区建立的第一个政权，开内迁民族创建政权、称王称帝并统治中原地区之先河。对于汉、赵政权，学术界研究成果颇丰，内容涉及政治、经济、文化、民族等各个方面，而且也比较深入。近年出版的陈勇先生的专题论文集，可以说是研究汉、赵政权的最新成果。[①] 尽管有颇丰的成果，但是将汉、赵国号与内迁民族的自我认同联系在一起，目前还未见到有研究成果问世[②]。

　　北方游牧民族内迁之后，由华夏文化的边缘地区进入中心地带，开始频繁、深入地接触华夏文化，并逐渐选择了汉化，其中

---

　　① 陈勇：《汉赵史论稿——匈奴屠各建国的政治史考察》，商务印书馆，2009。

　　② 从政权国号的角度对汉、赵进行研究的论文，主要有蒋福亚《刘渊的"汉"旗号与慕容廆的"晋"旗号》，此文主要从阶级矛盾与民族矛盾的角度研析"汉"与"晋"的不同，刊《北京师院学报》1979 年第 4 期；靳润成（转下页注）

比较重要的一个表现就是改变自己的姓氏。改姓既是内迁民族汉化的一个具体实践，同时也是内迁民族认同华夏文化的表现。关于内迁民族改姓所体现的认同情况，可以参阅本书中的相关部分内容，在此故不赘述。不过应该提及的是，关于本书所要涉及的刘渊的族属问题，学界仍有争议。但是，无论刘渊一族是由匈奴单于虚连题氏改姓而来，还是由未知的屠各姓氏改姓而来，都不重要，重要的是改姓这一行为本身所反映的文化与民族认同状况。而内迁民族除了改姓这一行为之外，十六国时期许多政权国号的取舍，也在一定程度上反映了内迁民族的自我认同和对华夏民族认同的实际情况。本部分试图主要从汉、赵国号的取舍、确立方面探讨这个问题。

一 "汉"国号的确立与民族认同

西晋末期，朝政腐败，宗室内讧，"八王之乱"波及北方大部分地区，许多手握重兵的将领也趁乱拥兵自重，整个北方地区基本上处于各自为政的混乱割据状态。这种风云变幻的局面为内迁诸民族创建政权提供了绝好的机会，正所谓"今司马氏骨肉相残，四海鼎沸，兴邦复业，此其时矣"[①]。而匈奴首领

（接上页注②）《十六国国号与地域的关系》一文将十六国时期各个政权的国号与地域的关系做了详尽的分析与归纳，刊《历史教学》1988 年第 5 期；宋秀英、李大龙《刘渊政权的出现与北疆民族主动认同"中国"的开始——中国古代疆域形成理论探讨之二》一文从中国古代疆域形成的视角讨论刘渊政权；罗新《从依傍汉室到自立门户——刘氏汉赵历史的两个阶段》一文可以说是近几年对汉赵政权两个不同的阶段进行专门研究的论文，但是他的出发点与立足点都是刘渊的族属为屠各，与本书所要论述的视角也有所不同。

① 《晋书》卷 101《刘元海载记》，第 2647 页。

刘渊及其从祖刘宣就是充分利用这种局面并取得成功的出色代表人物。

"八王之乱"时，刘宣在匈奴的集中居住地一面组织力量，积极准备起兵，一面密推当时还在邺城辅佐成都王司马颖的刘渊为大单于（这主要是由于他本人的号召力有限，所以不得不推举刘渊为首领）。刘宣派遣呼延攸到邺城与刘渊联络，刘渊请归，但司马颖未许。永兴元年（304），刘渊以招集旧部兵力辅助司马颖为借口，才得以返回离石以北的左国城，终于举起了创建政权的大旗。趁乱建功立业的想法，刘宣和刘渊二人不约而同，没有任何异议，但在具体的目标设计上，二人之间差异很大。刘宣主要想"兴邦复业"①，具体说就是"兴我邦族，复呼韩邪之业"②。"呼韩邪"是南匈奴单于，故而"复呼韩邪之业"即是复兴南匈奴的大业。在实现这一目标的过程中，他试图联合鲜卑、乌丸等民族的力量。可以看出，刘宣的目标就是联合北方各地内迁的少数民族，恢复南匈奴曾经的辉煌。故而刘宣在起事前给刘渊所上称号，是匈奴原最高首领"大单于"的称号。

但是，刘渊的想法与刘宣完全不同，他认为"大丈夫当为汉高、魏武，呼韩邪何足效哉！"③ 而彻底否决了刘宣的主张。刘渊所说的汉高即汉高祖刘邦，魏武即魏武帝曹操，他们两人皆可算是汉族中的杰出代表人物。这就说明刘渊起事的目标是有朝一日成为中原地区统一帝国的帝王或者是称雄中原的一方英雄，而不仅仅是成为另一个呼韩邪单于，这一目标的确立完全抛弃了

---

① 《晋书》卷101《刘元海载记》，第2647页。
② 《晋书》卷101《刘元海载记》，第2649页。
③ 司马光：《资治通鉴》卷85"晋惠帝永兴元年"，第2701页。

其民族特性。不仅如此，在祖源认同上，刘渊也尽量攀附前代中原王朝的统治者，以此来标榜自己继承的是刘氏正统。汉高祖时"以宗女为公主，又妻冒顿，约为兄弟"①的史事给他提供了一个绝佳的依据，因此，刘渊特别强调自己与汉朝统治者的亲密关系，他称刘邦为"我太祖高皇帝"，又称刘秀为"我世祖光武皇帝"，甚至尊"刘禅为孝怀皇帝"。为了更彻底、更完全地效法中原皇帝，刘渊在举行国家祭祀时，将"汉高祖以下三祖五宗之神主祭之"②，俨然成了刘邦的"嫡系子孙"。在这种情况下，刘渊在其政权国号的选择上，自然也要与刘邦创建的汉朝拉上关系。永兴元年（304）十月，刘宣等人给刘渊上帝号，刘渊拒绝说："今晋氏犹在，四方未定，可仰高祖法，且称汉王，权停皇帝之号，听宇宙混一，当更议之。"③ 于是筑坛南郊，即"汉王"位，改永兴元年为元熙元年。刘渊之所以如此作为，原因有二：其一，因为当时各地汉族势力尚强，西晋皇室还有一定的号召力，如急于称帝势必成为众矢之的；其二，定国号为汉，以刘邦后裔自居，有利于消除民族隔阂，便于在各族中尤其是汉族中形成号召力。可见在这个问题上，刘渊的确要比刘宣高明得多，他既建立了自己的政权，又不至于引起西晋政府和各地割据势力的高度关注，有利于积蓄力量，发展壮大。从刘渊目标的设计及国号的选择上可以看出，他想成就的事业与刘宣所一心向往的"呼韩邪之业"的政治取向

---

① 《晋书》卷 101《刘元海载记》，第 2645 页。
② 《晋书》卷 101《刘元海载记》，第 2650 页；同书卷 103《刘曜载记》，第 2702 页。
③ 李昉：《太平御览》卷 119《偏霸部》引崔鸿《十六国春秋》，第 574 页。

有鲜明的区别①。同为内迁民族，刘渊与刘宣的政治取向为何有这么大的差别呢？刘渊为什么在国号的选择及祖源认同上完全抛开本民族，而高举汉民族的旗帜呢？这应该与刘渊的个人境遇有很大的关系。

刘渊对汉文化有深入的了解，具有良好的儒家文化修养。史载："（刘渊）幼好学，师事上党崔游，习《毛诗》、《京氏易》、《马氏尚书》，尤好《春秋左氏传》、《孙吴兵法》，略皆诵之，《史》、《汉》、诸子，无不综览。"② 他还曾在咸熙年间（264～265），作为质子生活在洛阳，身处于儒家文化的中心地区③。由于这些原因，再加他本人出身于匈奴贵族家族，善于骑射是游牧民族的特征，因而文武兼备，获得当时人的好评。如晋武帝就认为"刘元海容仪机鉴，虽由余、日磾无以加也"，元海是刘渊的字。王济甚至认为刘渊"文武才干贤于二子（由余、日磾）远矣"④。

由于对儒家文化的熟悉，刘渊非常清楚地了解儒家文化中一个重要的内容是"内诸夏而外夷狄"，并且有切身体验。比如，早在晋武帝时期，王济向武帝建议任用刘渊平定吴国，但是大臣

---

① 刘宣与刘渊目标的差异，罗新也曾指出："呼韩邪之业是南匈奴的事业，不是屠各的事业。刘渊必须确定一个更高的目标，以保证自己领袖地位的合理与合法，这个目标必须超越南匈奴一族的历史传统。"但他的一些分析是为证明刘渊是屠各而非匈奴单于后裔服务，为此他还特意指出刘渊这样做的目的是"掩饰匈奴汉国的民族性"，即刘渊屠各民族的出身，这种分析与本书的主旨有很大的不同，故不再多述。参见罗新《从依傍汉室到自立门户——刘氏汉赵历史的两个阶段》，《原学》第5辑，第148～159页。

② 《晋书》卷101《刘元海载记》，第2645页。

③ 《晋书》卷101《刘元海载记》，第2646页。

④ 《晋书》卷101《刘元海载记》，第2646页。

孔恂、杨珧以"非我族类，其心必异"①的理由加以反对。更何况在刘渊生活的年代中原地区一直是汉族统治者活动的政治舞台，从未有过少数民族所建政权立足中原的历史事实。因此，儒家正统观念深入人心，所谓"自古以来诚无戎人而为帝王者，至于名臣建功业者，则有之矣"②。刘渊饱读儒家经典与史书，且长期生活在中原地区，岂能对这种情况不知？他深知少数民族要想在中原地区立足不易，更何况要建立自己的政权了。

面对这种情况，刘渊清醒地认识到，若想在华夏神州建立政权，合法性是其将要面临的首要问题，能否解决合法性问题，其中汉人的向背则是一个非常关键的因素。因此，如何减少来自汉民族的阻力，争取获得汉族的支持，是他们必须首先考虑的问题。刘渊起兵之时，虽然"八王之乱"还在继续，但西晋中央政权仍然破而未倒，人心向晋的情况还是比较普遍。刘渊的臣子宣于修曾指出："陛下虽龙兴凤翔，奄受大命，然遗晋未殄，皇居仄陋，紫宫之变，犹钟晋氏。"③ 因此，承载着诸多内容与意义的政权名号并不能信手拈来，无所用意，而是应该慎重考虑，至少在当时的情况下需要有比较大的号召力。距离西晋不远的"汉有天下世长，恩德结于人心，是以昭烈（刘备）崎岖于一州之地，而能抗衡于天下"④，这种情况给刘渊一个非常好的启示。再加两汉时期汉朝与匈奴多次的通婚关系，也为刘渊提供了一个可资利用的血统谱系，因此他以"吾又汉氏之甥，约为兄弟，

---

① 《晋书》卷 101《刘元海载记》，第 2646 页。
② 《晋书》卷 104《石勒载记》，第 2715 页。
③ 《晋书》卷 101《刘元海载记》，第 2651 页。
④ 《晋书》卷 101《刘元海载记》，第 2649 页。

兄亡弟绍，不亦可乎”的理由，“且可称汉，追尊后主，以怀人望”①。刘渊高举汉的旗帜，意味着他选择了与刘宣复兴“呼韩邪之业”有鲜明区别的政治路线，这样既可以号召汉族百姓和士人，又不会失去本族人民的支持，更重要的是这面政治旗帜给刘渊带来非常大的精神上的支持，因此刘渊由离石迁至左国城时，“远人归附者数万”②。

还有一点需要指出的是，刘渊起兵时由于西晋中央政府仍然存在，因此刘渊另立山头的行为，明确表示他实际上已经走上了反晋道路，但由于他不是在漠北举兵，而是在汉族聚居的中原地区举兵，因此如何创造一个有利于自己的政治局面，是刘渊不得不考虑的一个重要问题。有学者指出，刘渊举兵建国，意味着少数民族对汉民族统治的反抗以及争取独立的开始。但是，他的行动绝不是单纯的民族斗争，他们的独立并非像过去的匈奴国家那样立国于塞外，而是把国家建立在中原地区。他要在中原建立国家，必须以与汉民族的共存作为前提条件，必须将汉代统治地域置于本民族的领导之下③。上述刘渊的所有举措都是为了解决这一问题，他不急于称帝而称王，就是要淡化反晋的色彩，争取汉族的人心。还有学者评论说：“值得注意的是，刘元海对‘华夏正统’地位的冲击不是以匈奴人的名义进行的，而是假冒汉朝继承者的身份，对此上引刘元海自立为汉王的‘诏书’中已经明确表现了这一点。刘元海假冒汉氏后裔，并将国号称为

---

① 《晋书》卷101《刘元海载记》，第2649页。
② 《晋书》卷101《刘元海载记》，第2649页。
③ 〔日〕谷川道雄：《隋唐帝国形成史论》，李济沧译，上海古籍出版社，2004，第

'汉'，是想以恢复汉氏江山为号召。刘元海之所以这么做，其目的大致有二：一是刘元海如果以匈奴人的身份起兵难以得到广大汉人的认同，故在称汉王时不仅有'夫帝王岂有常哉，大禹出于西戎，文王生于东夷，顾惟德所授耳'的辩解，而且以'汉氏之甥，约为兄弟，兄亡弟绍'求得更多人的承认；二是刘氏建立的汉朝统治中国400余年，国富民强，而且和匈奴存在和亲关系，以'汉氏之甥'的身份出现可以得到更多人尤其是汉人的响应。"① 可见刘渊不愧为一个高明的政治家。

《金石录》卷20收有《伪汉司徒刘雄碑》，额题"汉故使持节、侍中、太宰、司徒公、右部魏成献王之碑"。其碑文曰："公讳雄，字元英，高皇帝之胄，孝宣帝玄孙。值王莽篡窃，远循边朔，为外国所推，遂号单于，累叶相承，家云中，因以为桑梓焉。"赵明诚在案语中说："雄，刘元海之弟也。"（据《资治通鉴考异》所引刘恕之言，此碑出于晋州临汾县嘉泉村）。尽管《晋书·载记》并无刘雄其人的相关记载，但是从刘雄字元英，刘渊字元海的情况看，他们为亲兄弟还是可信的。从《伪汉司徒刘雄碑》的内容看，匈奴的这一家族自认为其是汉高祖刘邦之胄，并非仅限于刘渊本人，而是其家族的共同理念，甚至是这一部匈奴人的共同理念。该碑立于刘聪时，可见到刘聪之时，刘氏仍然公开宣称自己是汉室嫡胄。刘渊之后，"且愚人系汉（刘汉）之心未专，而思晋之怀犹盛，刘琨去此咫尺之间，狂猖刺客息顷而至"②，

---

① 宋秀英、李大龙：《刘渊政权的出现与北疆民族主动认同"中国"的开始——中国古代边疆形成理论探讨之二》，《中国边疆史地研究》2005年第2期。
② 《晋书》卷102《刘聪载记》，第2661页。

"大难未夷，余晋假息"①，故刘渊的这种民族与血缘上的认同，仅延续到刘聪之时。

刘渊创建其政权时的这些举措，主观上看虽然适应当时政治局势和地理环境，为其顺利地创建政权服务的政治意图十分明显，但在客观上具有非常重要的意义。刘渊在明知自己属于匈奴民族的情况下，仍然以汉高祖刘邦后裔自居，并以"汉"为国号，以号召中原地区的汉族百姓和士人，实际上是想建立一个多民族的国家，客观上有利于民族融合和中华民族的形成和壮大。在思想上他接受儒家文化，自觉排斥狭隘的民族思想和复兴南匈奴政权的主张，是其长期以来接受汉文化熏陶的结果，加上其主动地与汉族通婚，从而加快了民族融合的步伐。因此，对刘渊及其所创建的汉国政权的评价，不能仅仅局限于以上学者的这些看法，尽管其观点并不存在明显的错误，却是一种短视的观点，没有看到我国民族融合发展的大趋势。因此，刘渊创建汉国的举动与石勒创建赵国的行为，就性质而言，并不完全相同，这一点笔者将在下面详论。

二 刘"赵"与石"赵"

十六国时期有两个政权的国号为"赵"，一个是由刘渊所建汉政权改名而来，一个是羯人石勒所建之赵国。短时期内，北方地区同时出现了两个赵国，而且刘曜改国号为赵时的基本控制区，向东并没超过今山陕间的黄河，与历史上所谓的赵国或赵地

---

① 《晋书》卷102《刘聪载记》，第2661页。

没有任何关系，为何仍将国号改为赵？而石勒为什么在刘曜改国号为赵之后，仍将其政权的国号选择为赵？这是非常有意思并值得深究的问题。

太兴元年（318）七月，刘聪死，刘粲即位，八月，外戚靳准叛乱，杀死留在平阳的以刘粲为首的刘氏宗室，自号大将军、汉天王，并遣使向东晋称藩。刘曜得知这一消息，从长安出发攻打平阳。十月，刘曜在长安即帝位，改元"光初"。[1] 刘曜登上皇帝宝座后，太兴二年（319）六月，修缮宗庙，祭祀祖先，同时下诏商议改国号之事，曰"吾之先，兴于北方。光文立汉宗庙以从民望。今宜改国号，以单于为祖。亟议以闻"。群臣奏曰："光文始封庐奴伯，陛下又王中山；中山，赵分也，请改国号为赵。"[2] 对此建议，刘曜欣然从之。关于刘曜改国号之事，《太平御览》的记载更为详细[3]，可以参阅。

从史书记载可以看出，刘曜之所以选择"赵"为国号，主要是因为刘渊曾被封为庐奴伯（庐奴，今河北定州，春秋战国时中山国的政治中心），刘曜也曾被刘渊封为中山王；中山，后属战国七雄之一的赵国。作为汉国建立者刘渊的正统后裔，刘曜即帝位后改国号的原因，诏令中并没有明确谈及，但是字里行间仍旧可以看出一些端倪。从刘曜所下诏书可知，刘曜认为刘渊立汉宗庙的目的是"以从民望"，即顺从与内迁游牧民族交错杂居的汉族之民望。言下之意，现在改宗庙与国号，是因为已经没有"从民望"的必要，那么刘曜即帝位时是怎样

---

① 李昉：《太平御览》卷119《偏霸部》引崔鸿《十六国春秋》，第576页。
② 《资治通鉴》卷91"晋元帝太兴二年"，第2870页。
③ 李昉：《太平御览》卷119《偏霸部》引崔鸿《十六国春秋》，第576页。

一种情况呢？

自永兴元年（304）刘渊建立汉国，至刘曜改国号，时间过去了15年。在这15年里，情况还是发生了一些变化。首先，风雨飘摇的西晋王朝已于建兴四年（316）灭亡，皇帝成了汉国的阶下囚，作为与晋朝争夺合法性旗帜的汉国号，随着晋王朝的灭亡，似乎已经没有存在的必要和利用价值了；其次，西晋政权灭亡之后，一直以华夏民族正统自居的东晋政权已移居长江以南，偏居于一隅，此时，北方社会中内迁民族与汉族之间、各内迁民族之间的冲撞与整合，已经到了一个新的阶段。对于一个内迁民族所建政权来说，其兴亡盛衰的关键不仅取决于它与汉族的关系，而且取决于它与其他内迁民族之间的关系，甚至后者可能更为重要。因此笼络北方地区内迁之少数民族成为刘曜的当务之急，再加上北方地区割据势力王浚、刘琨等人力量削弱，并在名义上归附汉国，使刘曜认为汉族对其统治已经构不成大威胁。而多年在北方驰骋的石勒力量不断壮大，使黄河以北地区由多方角逐变成刘氏政权与石勒相对抗的舞台，此时"刘曜的主要敌人由司马氏变成同为胡族的石勒"[①]，于是他决定改变刘渊之时用于笼络汉族人士而精心选择的汉国号。由此可见，无论是刘渊的汉还是刘曜的赵，都是时势造成的结果。正如有些学者所说，"刘渊、刘曜分别称'汉'、'赵'，前者'祀汉配本'，'追尊后主'，后者则改以'冒顿配天，元海配上帝'，汉与前赵国家祭典的变化，取决于二刘建国时不同的政治形势及各自的政治

---

① 罗新：《从依傍汉室到自立门户——刘氏汉赵历史的两个阶段》，《原学》第5辑，第148～159页。

需求"①。

在改国号的同时，刘曜还在五德历运的统序上大做文章。自东汉至南北朝，五德终始说是统治者改朝换代合法性论证的基本论述和禅让仪式不可或缺的组成部分。历代正史所载皇朝更替之际的诏诰章奏中，常见连篇累牍的五德行序论证。刘曜即位之后，对这一学说加以充分利用，他在改国号的同时，遵循五德历运中的行序，决定"以水承晋金行，国号曰赵。牲牡尚黑，旗帜尚玄"②。在五德历运的更替上刘曜选择上承晋，也是一个非常有深意的举动。"以水承晋金行"，承金，就是承晋，这样就把自己的法统与西晋联系起来了。说明刘曜承认了西晋王朝在五行运统秩序中的正统地位，同时也向世人表明自己具有继承西晋王朝的合法身份。刘曜此举还有与长江之南的东晋政权争夺正统地位的作用，当时东晋王朝继续着晋朝的五行帝德，刘曜却"以水承晋金行"，表示东晋所代表的金行已被水行所取代，不再具有合法的正统地位，同时也想以此排斥占据传统的赵地、野心勃勃的石勒。

除改国号为赵之外，刘曜还改变了刘渊、刘聪时冒称刘氏后裔、追尊汉朝宗室刘氏的做法，开始"以冒顿配天，光文配上帝"③。明确将匈奴帝国的创建者冒顿及汉国的缔造者刘渊作为祖先加以追尊，刻意突出了本民族的特征。针对这种变化，有学者指出："刘曜追尊冒顿、刘渊，试图重新建立匈奴五部之众的

① 陈勇：《汉赵史论稿——匈奴屠各建国的政治史考察》，商务印书馆，2009，第 15 页。
② 《晋书》卷 103《刘曜载记》，第 2685 页。
③ 《资治通鉴》卷 91"晋元帝太兴二年"，第 2870 页。

族群认同，借助故旧关系维系其战斗能力。"① 不仅如此，这其实也是民族自我认同的一种表现，在十六国历史上具有非凡的意义。公然以内迁游牧民族后裔的身份称王称帝于华夏腹地，并与以汉族为主建立的东晋王朝争夺正统地位，在十六国历史中，刘曜应该是第一人。

刘曜改国号不久，曾依附于汉国的羯族人石勒于太兴二年（319）十一月建都于襄国，自称赵王②，史称"后赵"。石勒在永兴二年（305）起兵，永嘉元年（307）九月归附刘渊，刘曜即位后，于太兴元年（318）十月晋其爵为赵公③，增封十郡，并前十三郡④；319 年春二月，石勒因攻破平阳之功，晋爵赵王⑤，增封七郡，并前二十郡⑥。同年十一月，石勒在其部下将佐多次请求下（当然也有可能是石勒的授意之下的行为），在襄国（今河北邢台）"称大将军、大单于、领冀州牧、赵王，依汉昭烈在蜀、魏武在邺故事，以河内等二十四郡为赵国"，并"依春秋时列国称元年"⑦。

石勒称王的意图其实早就有的。318 年靳氏内乱，靳准被靳明所杀，靳明送国玺于刘曜，结果惹怒了石勒，一怒之下的石勒攻占了平阳，刘曜为了平复石勒的怒气，杀靳明，并授石勒太宰，以河内二十四郡封石勒为赵王。319 年三月，因曹平乐的挑

---

① 陈勇：《汉赵史论稿——匈奴屠各建国的政治史考察》，商务印书馆，2009，第 15 页。
② 《资治通鉴》卷 91 "晋元帝太兴二年"，第 2871 页。
③ 《资治通鉴》卷 90 "晋元帝太兴元年"，第 2863 页。
④ 《晋书》卷 104《石勒载记》，第 2728 页。
⑤ 《资治通鉴》卷 91 "晋元帝太兴二年"，第 2866 页。
⑥ 《晋书》卷 104《石勒载记》，第 2728 页。
⑦ 《资治通鉴》卷 88 "晋怀帝永嘉六年"，第 2781 页。

拨，刘曜斩石勒左长史王修于市。石勒知此消息后，曰："孤兄弟之奉刘家，人臣之道过矣，若微孤兄弟，岂能南面称朕哉！根基既立，便欲相图……帝王之起，复何常邪！赵王、赵帝，孤自取之，名号大小，岂其所节邪！"① 这些行为都表明石勒也有建国称王的想法，虽说如此，但他同时也知道"立大事者必先为之卑"②，再加上时机不成熟而暂时隐忍下来。

那么，为何在刘曜改名号为赵之后，他也称"赵王"呢？石勒称"赵王"，应该有两个方面的原因：一是他在汉国政权中的封号，一直与赵有关，如"赵公""赵王"；二是自其起事之后的主要活动基本上是在原赵国的区域内。石勒归附汉国之后，一直转战于河北、河南、山东等地，先攻灭幽州的王浚，接着将刘琨赶出并州，石勒据有冀州、幽州、并州的全部和青、司、徐等州的大部，最终基本控制了整个华北地区。而石勒的根本所在是襄国及其附近的郡县，这正是所谓的赵地，其都城也是"据赵旧都"③。为何选择襄国一带定都，关于这个问题，其幕僚张宾曾明确地指出，所谓"邯郸（河北邯郸市西南）、襄国，赵之旧都，依山凭险，形胜之国，可择此二邑而都之……王业可图矣"④。因此，在"物望去刘氏、威怀于明公者十分而九矣"的情况下，张宾等129人上疏："请依刘备在蜀、魏王在邺故事，以河内、魏、汲、顿丘、平原、清河、钜鹿、常山、中山、长乐、乐平十一郡，并前赵国、广平、阳平、章武、渤海、河间、上党、

① 《晋书》卷104《石勒载记》，第2729页。
② 《晋书》卷104《石勒载记》，第2721页。
③ 《晋书》卷104《石勒载记》，第2721页。
④ 《晋书》卷104《石勒载记》，第2729页。

定襄、范阳、渔阳、武邑、燕国、乐陵十三郡，合二十四郡、户二十九万为赵国。"① 当然，石勒在刘曜改国号为赵之后，仍称"赵王"，其主要原因，除了其所占之地为赵国故地外，还有便是借"赵王"之称呼来传达一个信号，表示要与刘曜彻底决裂，以争取正统地位，当然也是为了表明与刘曜相抗衡的决心。

咸和三年（328），石勒在洛阳与刘曜决战，杀死刘曜，刘赵政权灭亡。咸和五年（330）二月，石勒称"赵天王"，行皇帝事，九月，正式即皇帝位。咸康三年（337），石勒之从子石虎即位，也如刘曜一样，对五德终始说加以利用，"承金为水德，旗帜尚玄，牲牡尚白"②，在五德运统中将刘氏"汉""赵"排除在外，表明自身的正统合法地位。并"追尊祖匐邪为武皇帝，父寇觅为太宗孝皇帝"③，成为继刘曜以后，明确以内迁少数民族身份称帝之人。

从刘曜、石勒、石虎等人的行为看，他们不再冒充某位汉族帝王的后裔，而直接以本民族的身份在中原地区称帝，虽然是其民族自我认同的表现，但也反映出其自身对儒家文化的接受程度与刘渊不可相提并论。正因为如此，所以在政治上也要比刘渊残暴得多，对汉人所建立晋朝的排斥态度也比刘渊更加坚决。但是其统治的区域毕竟不是广袤的大草原，而是农耕文化发达的中原地区，其治下的臣民也不再是清一色的本民族之人，而是包括了人数众多的汉人，加上其对汉文化虽然了解得还不深，但也毕竟不再是一无所知。在这种情况下，他们对其部下汉人僚佐的建号

---

① 《晋书》卷 104 《石勒载记》，第 2730 页。
② 《晋书》卷 105 《石勒载记》，第 2746 页。
③ 《晋书》卷 106 《石季龙载记》，第 2765 页。

称帝的意见还是能听得进去的，于是就出现了中原文化色彩颇为浓厚的赵国号。这一现象也证明了自东汉以来内迁的各北方少数民族，一方面在中原华夏之风的熏陶下，尽量地给自己的政权涂上一层中原王朝的正统色彩，另一方面因为民族融合毕竟还没有完成，于是又竭力想保持各自民族的认同。因此，这一历史现象实际上是民族融合与文化认同尚未完成的过渡阶段的必然产物。

然而客观地看，刘汉与石赵国号的相继出现，还是为后来的内迁民族建立政权起到了非常好的示范作用，此后内迁民族再建立政权时，在国号的选择上，多模仿汉、赵，继承前代中原王朝的国号，如燕、代、赵、魏、蜀、凉等。对于这种现象，有学者认为主要是"由于其汉化程度不是很高，对汉晋制度的向往不是很强烈，故他们把眼光投向更遥远的时代——殷周的制度，反映出这些统治者对殷周的仰慕、向往以及仿效、模仿古制的愿望"①。其实他们把目光投向更古老的春秋战国时期与其最高统治者的汉化程度并无必然的关系，这些选择实际上更多的是出自其部下汉族士大夫的建议，是由战国、秦汉、魏晋这一历史发展顺序延续下来的，用于标榜自己的正统地位。

其实汉、赵两个国号还是有区别的，从以上分析可以看出汉的国号来自西汉时期匈奴与汉朝的姻亲关系，因为和亲，汉族与匈奴的关系成为甥舅关系；而赵的国号，则是来自战国时期之赵国，战国七雄一并为秦国所灭，因此，从法统的统序上来说，赵国号的选择，就将原来汉国号所暗示的汉与内迁匈奴的甥舅关系

---

① 张俊飞：《从年号看十六国政权之文化与政治取向》，《江苏教育学院学报》（社会科学版）2007年第1期。

变成了兄弟关系，甥舅关系意味着长幼有别，而兄弟关系则意味着"平等、合作与对抗"①，故而，赵国号显得争正统、争合法性的色彩更为强烈一些。

综上所述，曾经处于华夏边缘地区和附庸地位的北方草原民族迁入中原，深入接触并熟悉汉文化后，在政治上必然日渐"成熟"。为了获得人数众多的、文化先进的汉族的认可，他们充分利用汉文化传统中的各种政治观念，以树立自己的正统地位，以此来减少中原士人及广大人民群众的反对，消除自身心理上的卑怯与失落。在建立政权之初，他们不仅在祖源认同上有改姓或攀附华夏民族祖先的行为，而且在政权国号的选择上也多加斟酌，十分谨慎。其中一个原则就是在其统治地区选择前代中原王朝的国号以继承之，在政区名称上也充分凸显了汉文化的色彩。但是随着内迁民族的政治势力不断增强，统治地位的巩固，其民族意识也不断复苏和觉醒，因此，他们在祖源认同上就会回归原有的、真实的祖源。从整个魏晋南北朝时期民族迁徙与民族融合的历史发展趋势看，这些现象仅仅是一个小小的回潮，因为其毕竟没有排斥儒家思想的正统地位，没有排斥中原地区固有的文化传统和礼仪制度，并极力调和所谓的"夷夏"关系，在强调其民族意识和民族特征的同时，也有意识地保留了中原的主流文化。这就说明其在强化民族自我认同的同时，并没有刻意阻碍民族融合趋势的发展。

① 王明珂：《英雄祖先与弟兄民族》，中华书局，2009，第183页。

国号与国人

中国历史上的十六国时期是民族频繁互动及融合的重要时期，在此期间，两汉以来内迁的各少数民族利用风云变幻的局势纷纷建立了各自的政权。羯人石勒建立的后赵即是其中之一，同时它也是十六国中建立比较早的政权，存在时间30余年（319～351）。有关后赵政权的研究成果比较丰厚，内容涉及政治、经济、文化、民族、人物等各个方面，而且有些问题论述得也比较深入。但是专门对这一政权国号"赵"的选择原则及其所蕴涵的政治意图，以及石勒、石虎等人的民族认同的研究，目前学术界还少有人涉及①，且学界对他们的"讳胡"及号胡人为"国人"的行为也没有一个合理的、令人信服的解释，因此，本部分在前人研究成果的基础上尝试在这几个方面做一些努力。

一 国号"赵"：石勒的政治取向

十六国时期，许多政权的建立者是曾经活动在中国北部大漠

---

① 从政权国号的角度对后赵政权进行研究的论文，主要有靳润成《十六国国号与地域的关系》一文，此文将十六国时期各个政权的名号与地域的关系做了详尽的分析与归纳，刊于《历史教学》1988年第5期。

南北的民族，两汉三国时期因各种因素陆续内迁，逐渐进入农耕地区，开始接受中国传统文化的浸染。他们在追随各中原王朝或边臣疆吏的过程中，积累了一定的政治经验，但是农耕地区的政治、经济、文化等毕竟与草原地区有很大差异，再加上社会发展水平不一的多种民族成分的不断加入，所有即将在中原地区建立政权的内迁民族所要面对的问题都可能是前所未有的，他们不仅仅要面对社会发展水平高低不同且文化多样的复杂民族关系，更为困难的是他们要面对人数众多、文化先进的农耕民族即所谓的华夏民族，因此，在农耕文化发达的中原地区建立政权，在没有太多草原政权经验可资借鉴的情况下，农耕地区的政治文化便成为他们的唯一参考坐标。

因此，十六国时期内迁民族所建政权基本上皆采纳了中国传统的国家机构、对外关系、表意文字、历法模式等。在中国历史上，所有王朝政权在建立之初都需要拟定国号。国号不仅仅是一个政权的代号或称谓，它更是王朝政权的政治文化的一个象征符号，蕴涵着非常丰富的历史、文化内涵。历朝历代在建立政权之时都会在国号的选择上费尽心机、大做文章，北方民族内迁之后建立政权时也必然会顺应这种潮流。而且在国号的选择上同样遵循了中原文化的特点，同时又体现了一个具有规律性的特点，即大多数政权国号的确定基本遵循了两个原则：一是与地域有关，即大多与政权建立者的主要活动区域有关①；二是直接承继前代中原王朝的国号。当然也有出于其他缘故选定国号的，如赫连勃勃"自以为匈奴

---

① 靳润成：《十六国国号与地域的关系》，《历史教学》1988 年第 5 期，第 25 页。

夏后氏之苗裔也，国称大夏"①。中原文化色彩浓厚的国号的选择至少在表面上表明内迁民族已经认可、接纳乃至融入中原地区的政治文化传统与历史系统。

羯人石勒如其他内迁民族一样，在建立政权选择国号时也遵循这两个原则，赵既是他的发迹之地，同时也是春秋战国时赵国所在地。

太兴元年（318）十月，汉政权刘渊之族子刘曜在长安即帝位，改元"光初"②。刘曜登上皇帝宝座不到一年，就于太兴二年（319）六月，修缮宗庙，祭祀祖先，下诏商议改国号之事："吾之先，兴于北方。光文（刘渊）立汉宗庙以从民望。今宜改国号，以单于为祖。亟议以闻。"深谙刘曜意图的群臣上奏建议："光文始封卢奴伯，陛下又王中山；中山，赵分也，请改国号为赵。"③ 刘曜君臣之间的这两段对话点明了刘渊选择"汉"国号的缘由，同时也表达了刘曜改国号的原因。刘曜议改国号的行为意义深远，完全改变了刘渊时期的立国思路与实践，由"立汉宗庙"到"以单于为祖"，体现了刘曜摆脱刘汉政权汉朝宗室因素影响的企图，以及高扬本民族大旗的决心，有关刘氏的"汉""赵"两个国号的区别与内涵可参阅本书的相关部分内容。

刘曜改国号不久，曾依附于汉国的羯族人石勒于太兴二年（319）十一月建"赵国"，都城选择在襄国（今河北邢台），自

---

① 《晋书》卷130《赫连勃勃载记》，第3203页。
② 李昉：《太平御览》卷119《偏霸部》引崔鸿《十六国春秋》，第576页。
③ 《资治通鉴》卷91"晋元帝太兴二年"，第2870页。

称赵王①，史称"后赵"。石勒于永兴二年（305）起兵，永嘉元年（307）九月归附刘渊，刘曜即位后，于太兴元年（318）十月晋其爵为"赵公"②；太兴二年（319）春二月，石勒因攻破平阳之功，晋爵赵王③。石勒追随刘氏汉政权十余年，获得了非常高的政治地位，但是在晋爵赵王的当年（319）十一月，石勒在襄国"称大将军、大单于、领冀州牧、赵王，依汉昭烈在蜀、魏武在邺故事，以河内等二十四郡为赵国"并"依春秋时列国称元年"④，正式自树旗帜。

石勒自建政权的意图其实早已有之。太兴元年（318），靳明送国玺于刘曜，靳明的这一行为惹怒了石勒，气愤之下石勒一举攻占平阳。为了平复石勒的怒气，刘曜不得已杀了靳明，并且授石勒太宰，以河内二十四郡封其为赵王。国玺是皇帝身份的代表，一个国家权力的象征，石勒对靳明奉送国玺予刘曜的怒气表明了他对国玺的觊觎之心，透露出打算建立政权的想法。太兴二年（319）三月，刘曜在曹平乐的挑拨下斩石勒左长史王修于市。石勒知此消息后说的一段话则更加明确地凸显了欲与刘曜政权分裂、自树旗号的企图："孤兄弟之奉刘家，人臣之道过矣，若微孤兄弟，岂能南面称朕哉！根基既立，便欲相图……帝王之起，复何常邪！赵王、赵帝，孤自取之，名号大小，岂其所节邪！"⑤ 这段话清晰地表达了他"根基既立，便欲相图"的意愿。在石勒看来，何时摆脱刘曜名义上的节制，只不过是一个时间问

---

① 《资治通鉴》卷 91 "晋元帝太兴二年"，第 2871 页。
② 《资治通鉴》卷 90 "晋元帝太兴元年"，第 2863 页。
③ 《资治通鉴》卷 91 "晋元帝太兴二年"，第 2866 页。
④ 《资治通鉴》卷 91 "晋元帝太兴二年"，第 2871 页。
⑤ 《晋书》卷 104 《石勒载记》，第 2729 页。

题，只要石勒自己愿意，称赵王也好，做赵帝也罢，根本就不是刘曜所能掌控的，只不过他知道"立大事者必先为之卑"①，因此，在根基未立的时候，自然要隐而不发了。

既然如此，为何在刘曜改"汉"国号为"赵"之后，石勒自树旗帜时却不避重复，一定要建赵国、称赵王呢？石勒称赵王，应该有两个方面的原因：一是他在汉国政权中的封号，一直与赵有关，如赵公、赵王；二是自其起事之后的主要活动基本上都是在现在的河北地区，也就是战国时期战国七雄中赵国的区域内。石勒归附汉国之后，一直转战于河北、河南、山东等地，先攻灭幽州的王浚，接着将刘琨赶出并州，石勒据有冀州、幽州、并州的全部和青、司、徐等州的大部，最终基本控制了整个华北地区。而石勒的根本所在是襄国及其附近的郡县，这正是所谓春秋时期的赵地，不仅如此，石勒选择的都城也是"据赵旧都"②。其幕僚张宾曾建议："邯郸（河北邯郸市西南）、襄国，赵之旧都，依山凭险，形胜之国，可择此二邑而都之……王业可图矣。"③ 因此"请依刘备在蜀、魏王在邺故事，以河内、魏、汲、顿丘、平原、清河、钜鹿、常山、中山、长乐、乐平十一郡，并前赵国、广平、阳平、章武、渤海、河间、上党、定襄、范阳、渔阳、武邑、燕国、乐陵十三郡，合二十四郡、户二十九万为赵国"④，称"赵王"⑤。

石勒在刘曜改国号为赵之后，仍选择赵国号，并称"赵

---

① 《晋书》卷104《石勒载记》，第2721页。
② 《晋书》卷104《石勒载记》，第2721页。
③ 《晋书》卷104《石勒载记》，第2729页。
④ 《晋书》卷104《石勒载记》，第2730页。
⑤ 《晋书》卷105《石勒载记》，第2735页。

王"，除了以上所说的两个原因之外，应该还有一个更深层次的政治考量，即欲借"赵"国号及"赵王"之称呼向外界或刘氏之"赵"政权传达一个信号，表示与刘赵刘曜彻底决裂，以争取正统地位，同时也是为了表明与刘曜相抗衡的决心。

刘曜即位之后不久就将国号由汉改为赵，除了想摆脱汉朝宗室因素的影响，以及表明高扬本民族大旗的决心之外，还有另外一层含义，那就是借此在声势上压制石勒。石勒虽然名义上依附刘氏汉、赵国，但他基本一直处于半独立状态，而且不断地在华北地区发展自己的力量。石勒在华北地区势力的增强，已经严重地威胁到了建都在关中地区的刘氏政权，对此刘曜也应该有非常清醒的认识，但因当时关中、陇右一带有氐、羌等一些民族，常同西晋残余军事力量联合进攻刘曜，给刘曜政权造成比较严重的威胁，来自西部的威胁使刘曜无法全力对付东部名义上依附于他的石勒，所以在其称帝之后仍旧授石勒太宰、领大将军，以河内二十四郡封其为"赵王"，想以此先稳住石勒，以便腾出手来对付关、陇地区的敌对势力。但是对于在华北地区不断扩张势力的石勒，刘曜又不可能坐视不管，任由其发展。刘曜在刘聪之时曾被封为"中山王，镇长安"①，而"中山，赵分也"，因此，刘曜就利用这个理由，将国号汉改为赵，想在声势上占有先机，以示向石勒宣战、欲将赵地据为己有的意图。赵公、赵王是刘氏政权授予石勒的称号，而赵地又是石勒的主要活动区域，刘曜却要因其曾经是"镇长安"的"中山王"而将国号改为赵，一看便知此理由太过于牵强，

---

① 《晋书》卷102《刘聪载记》，第2659页。

很明显是针对一直在赵地活动的石勒而来。

所以清楚了刘曜将汉国号改为赵国号的寓意之后，石勒也公开表示与刘曜政权决裂的意图，选择赵为国号。咸和三年（328），石勒在洛阳与刘曜决战，杀死刘曜，刘氏赵政权灭亡。咸和五年（330）二月，石勒称"赵天王"，行皇帝事，九月，正式即皇帝位。即帝位之后的石勒，利用中国传统的政治学说五德终始说为其政权的正统性进行阐述，以后赵"承金为水德，旗帜尚玄，牲牡尚白"[1]，在五德运统中将刘氏汉、赵排除在外，直接将自己的法统与"金"德的西晋王朝联系起来，更加明确地宣示了自身的正统性及合法性地位。

石勒对国号的选择，表明了他基本接受了中国传统的政治文化。在汉族儒家文化影响下，后赵立国之后主要是仿汉晋政治制度进行统治，如拉拢士族，续立九品，下州郡阅实人口，收取赋税等，使后赵成为十六国时期第一个统一黄河流域的政权；赵国号充分体现了石勒的政治文化认同。而且石勒在建立政权之时，"依春秋列国、汉初侯王每世称元，改称赵王元年。始建社稷，立宗庙，营东西宫"[2] 等。于是就出现了中原文化色彩颇为浓厚的赵国号。刘汉、石赵国号的选择也表明自东汉以来内迁的各北方少数民族，在中原华夏之风的熏陶下，尽量地给自己的政权涂上一层中原王朝的正统色彩。

刘汉与石赵国号的相继出现，为后来的内迁民族建立政权起到了非常好的示范作用，此后内迁民族建立政权时，在国号的选择上，

---

① 《晋书》卷105《石勒载记》，第2747页。
② 《晋书》卷105《石勒载记》，第2735页。

多模仿汉、赵，继承前代中原王朝的国号，用于标榜自己的正统地位，如燕、代、赵、魏、蜀、凉等。这些选择虽然更多的可能是出自其部下汉族士大夫的建议，但毕竟是由战国、秦汉、魏晋这一历史发展顺序延续下来的。也许正是因为石勒在国号等方面对中国传统政治文化的顺应迎合，才会被汉臣徐光视为"中国帝王"①。

二　"国人"：胡人地位的法制化

石勒建立后赵政权之后，为了提高胡人的地位，于太兴三年（320）"号胡为国人"②，这是"胡"人政治地位法律化与制度化的一个体现，在中国历史上应该是首次，具有非常重要的意义。

"国人"一词源自先秦时期周代的"国""野"概念，"一般地讲，周人所说的国和野，是从国中居民的立场出发的。居于国者既把自己的居地视之为国，则居地之外的其他地区，自然便统谓之野"③，"所谓国，事实上就是指少数先进的中心，具体而言，在西周，就是指周原旧都、丰镐、洛邑和各诸侯国君的居住地"④。而居住在"国"中的人称为"国人"，相对于"野人"来说，这部分人具有一定的政治权力："国人能够纳君、出君、逐君、弑君，能够决定执政的命运，具有议政'谤公'的自由，每遇大事，国君需询之以定可否，贵族在内部斗争中，也要与国人订盟以求得其支持。这便充分说明国人是一个具有特殊政治地

---

①　《晋书》卷105《石勒载记》，第2753页。
②　《晋书》卷105《石勒载记》，第2735页。
③　赵世超：《周代国野关系研究》，文津出版社，1993，第12页。
④　赵世超：《周代国野关系研究》，第11页。

位的集团，而并不包括全部的国中居民。"①

到了战国时期，"野成了国的一部分，反映社会政治差异的国、野之别便不复存在了"②，但是"国"与"国人"的概念一直保留下来，虽然到了十六国时期，"国人"的含义与西周时期的有了非常大的变化，但其中一个非常重要的含义保留了下来，那就是"国人"仍旧有纳君、出君、逐君、弑君等职权，因此从这个意义来说，"国人"就是指在某种程度上或范围内可以参政议政的人，也就是具有一定政治权力的人。相关十六国时期的史籍中使用非常频繁的"国人"一词的确具有这种含义。

凉武昭王李玄盛"(义熙)十三年(417)，薨，时年六十七岁。国人上谥曰武昭王，墓曰建世陵，庙号太祖"③；"国人"有给死去的国王上谥号的权利。"中平(184~189)中，单于羌渠使子于扶罗将兵助汉，讨平黄巾。会羌渠为国人所杀，于扶罗以其众留汉，自立为单于"④；"涉归死，其弟耐篡位，将谋杀廆，廆亡潜以避祸，后国人杀耐，迎廆立之"⑤；"以敦煌人张孟明为王，后为国人所杀，立马儒为王"⑥；"国人"有弑君的职权。"国人推戴之，号牟汗纥升盖可汗，魏言制胜也"⑦；"末波自称幽州刺史，屯辽西。末波死，国人立曰陆眷弟护辽为主"⑧；这几个事例说明"国人"可以废立国王、首领。由此可知，十六国

① 赵世超:《周代国野关系研究》，文津出版社，1993，第52页。
② 赵世超:《周代国野关系研究》，第315页。
③ 《晋书》卷87《凉武昭王李玄盛传》，第2267页。
④ 《晋书》卷101《刘元海载记》，第2645页。
⑤ 《晋书》卷108《慕容廆载记》，第2804页。
⑥ 《魏书》卷101《高昌传》，第2244页。
⑦ 《魏书》卷103《蠕蠕传》，第2292页。
⑧ 《魏书》卷103《徒何段就六眷传》，第2306页。

时期的"国人"仍具有西周时期的含义，即具有一定政治地位的人。

当然，十六国时期的"国人"还有另外一层含义，即指某些特定的人，也就是某政权治下之民或某部族之人，"焉耆又为嚈哒所破灭，国人分散，众不自立，请王于嘉。嘉遣第二子为焉耆王以主之"①；"国人"应是焉耆人。"（赵王）二年（319）令曰：'国人不听执嫂在丧婚娶至于烧葬令如本俗'"②；"国人"即羯人。"魏主遗质书曰：'吾今所遣斗兵尽非我国人，城东北是丁零与胡，南是氐羌，设使丁零死，正可减常山赵郡贼，胡死减并州贼，氐羌死，减关中贼'"③；此处"国人"胡三省注曰"谓与拓跋氏同出北荒之子孙也，凡九十九姓"④；"国人"特指某类人，上段所引"国人"也可以视作此类情况，但更重要的是，上段所引的"国人"的确是具有一定政治权力的人。"国人"特指的例子俯拾皆是，兹不赘举。

不过可以肯定的是石勒"号胡为国人"之"国人"不是指具体的某一族人如羯人等，而应该是指具有一定政治权力的人，否则他的"号胡为国人"没有任何意义，根本用不着他专门去颁布法令。石勒之所以如此郑重其事地下令"号胡为国人"，目的就是提高长久以来受到中国传统文化贬抑的胡人的社会及政治地位。

两汉以来，大量的北方民族南迁，深入中原地区，至十六国时期，这些民族纷纷立国于中原及关中地区，这种现象虽然已经突破了"内诸夏而外夷狄"的地理畛域，北方民族开始与华夏

---

① 《魏书》卷101《高昌传》，第2244页。
② 李昉：《太平御览》卷120《偏霸部》引崔鸿《十六国春秋》，第578页。
③ 《晋书》卷105《石勒载记》，第2735页。
④ 《晋书》卷105《石勒载记》，卷2735页。

民族错居杂处,并且也逐渐向华夏文化靠拢,但是他们仍旧无法完全突破"贵诸华贱夷狄""非我族类,其心必异"的华夏民族排他主义的藩篱,尤其是在民族矛盾与冲突比较激烈的时期,"夷夏之辨"经常会成为华夏民族用来排斥、歧视其他民族的一种工具。因此,在很长的一段时间里,这些内迁民族政治、经济等各方面仍旧受到贬抑。

政治上,内迁民族得不到重用。西晋在讨论谁担起灭吴的重任之时,师事刘渊的王济建议由非常有谋略的刘渊来负责,他认为如果让刘渊指挥东南的战事,一定会马到成功的。但这一建议遭到了孔恂、杨珧等汉族大臣的反对,理由即是"非我族类,其心必异",最终司马炎也没有采纳王济的建议。后来,鲜卑族秃发部的首领树机能起兵反抗西晋王朝,又有人向司马炎建议,授刘渊将军称号,让他率领匈奴五部人马去镇压树机能,仍因孔恂反对而未被采纳。

不仅如此,胡人可以成为人臣建功立业,但不可能成为帝王的思想在当时是一种被普遍接受的观念,甚至在刘渊称"汉王"及"即皇帝位"已经成为事实之后,这种观念仍旧甚嚣尘上:靳准因"自古无胡人为天子者,今以传国玺付汝,还如晋家"[1],永嘉五年(311)刘琨写给石勒的劝降信中,也罔顾刘渊已经在此时称皇帝的事实,认为"自古以来诚无戎人而为帝王者,至于名臣建功业者,则有之矣"[2],表明了"自古以来诚无戎人而为帝王"是当时人一个根深蒂固的观念;在这种观念的压迫下,胡人石勒也不得不接受这种看法,哪怕是表面上接受。王子春受

---

[1] 《晋书》卷105《石勒载记》,第2735页。
[2] 《晋书》卷104《石勒载记》,第2715页。

石勒之命说服王浚为天子时说："自古诚胡人而为名臣者实有之，帝王则未之有也。"① 虽然石勒推崇王浚为天子是为消灭王浚而设置的圈套，但是王子春的这个说法使王浚对石勒深信不疑，也恰恰说明这种思想在当时是得到了普遍认同的。

经济上，这些内迁民族如匈奴刘宣所说"自汉亡以来，魏晋代兴，我单于虽有虚号，无复尺土之业，自诸王侯，降同编户"②；不仅如此，西晋惠帝末年，石勒与其他胡人还曾被司马腾的军队贩卖至山东师懽处当奴隶："腾使将军郭阳、张隆虏群胡将诣冀州，两胡一枷。勒时年二十余，亦在其中，数为隆所殴辱。"③ 身为部落小帅后裔的石勒都被贩卖为奴，一般的胡族平民其地位如何可想而知了。

因此可以说，虽然内迁民族入主中原已经成了事实，胡族统治者的政治地位提高，但是绝大多数内迁民族的社会地位没有得到大的改观，仍处在各种形式的歧视和压迫下，身为胡族一员的石勒当政之后，自然会想办法提高胡人的政治及社会地位，并为此专门下诏"号胡为国人"。石勒"号胡为国人"主要是针对当时内迁民族受歧视的状况而制定的一个政策。但是值得一提的是，石勒在提高胡人地位，"号胡为国人"的同时，也多次下令约束胡人对待汉族尤其是汉族知识分子的行为。石勒建立赵之前，转战河北时，就曾将当地汉族"衣冠人物"集为"君子营"④ 而加以保护和利用；称赵王后，又规定其治下的胡人"不得侮易衣冠华族"："中垒支雄、游击王阳并领门臣祭酒，专明胡人辞

---

① 《晋书》卷104《石勒载记》，第2721页。
② 《晋书》卷101《刘元海载记》，第2647页。
③ 《晋书》卷104《石勒载记》，第2708页。
④ 《晋书》卷104《石勒载记》，第2711页。

讼,以张离、张良、刘群、刘谟等为门生主书,司典胡人出内,重其禁法,不得侮易衣冠华族。"① 石勒不仅约束了胡人对待"衣冠华族"的行为,同时要求"衣冠华族"将胡人视为具有相同政治地位的"国人",这两种政策的同时进行,应该主要是针对当时存在的胡、汉矛盾。石勒对胡、汉双方的约束体现了他的民族平等意识,从这个意义上讲,石勒的民族思想在当时还是比较先进的。

需要补充的是石勒号为"国人"的"胡"人不应该只是羯人,而应泛指后赵政权统治下的北方各内迁民族。羯人虽然在当时中国北方活动的地区比较广,但主要分布在上党一带,人数并不是太多,石勒所依靠的力量不可能只是羯人,应该包括其他民族,如鲜卑、匈奴、乌桓等,从石勒的十八骑就能看出,石氏政权的人员组成是非常复杂的。据史家考证,石勒十八骑中张曀仆、张越、王阳为羯人,冀保、吴豫、桃豹疑为羯人,支雄、支屈六为月氏人,夔安为天竺人,刘征、刘宝、刘膺、呼延莫为匈奴人,逯明、孔豚疑为汉人,"郭、赵等氏,不得不并入匈奴,其余不明"②,由此可见,石赵政权及军队是杂胡和汉人力量的组合,其政权之内并不是单一的羯人胡族,因此,石勒意欲提高的也应该是他治下所有胡族的地位。

三 "讳胡尤峻"与自名为胡

国号"赵"的选择,既体现了后赵政权与刘氏的汉、赵政

---

① 《晋书》卷 105《石勒载记》,第 2735 页。
② 陈连庆:《中国古代少数民族姓氏研究》,吉林文史出版社,1993,第 383~384 页。

权争正统的决心，同时也表明了石勒对中国传统政治文化的认同，这是一种外显性、可以昭示天下所有人的认同，这种选择与其他十六国政权在国号选择上所遵循的原则没有太大差别。但是，在民族认同上，石氏表现出了非常鲜明的个性特点，与其他内迁民族有很大的差异。

十六国时期，内迁民族时常将自己的祖源与华夏望族联系在一起。如汉刘渊，史书记载其为匈奴"冒顿之后也"，"初，汉高祖以宗女为公主，以妻冒顿，约为兄弟，故其子孙遂冒姓刘氏"①，刘渊对这种关系也非常认可，而且他在建立政权之时，理直气壮地利用这种关系为自己寻找合理的依据："吾又汉氏之甥，约为兄弟，兄亡弟绍，不亦可乎。"② 永兴元年（304），刘渊即汉王位后，曾下令祭祀汉朝历代皇帝，俨然正宗的刘氏子孙："昔我太祖高皇帝以神武应期，廓开大业。太宗孝文皇帝重以明德，升平汉道。世宗孝武皇帝拓土攘夷，地过唐日。中宗孝宣帝搜扬俊义，多士盈朝。是我祖宗道迈三王，功高五帝……追尊刘禅为孝怀皇帝，立汉高祖以下三祖五宗神主而祭之。"③ 更有甚者将其祖源追溯至更远的远古时期，如黄帝或其子孙，这在当时也是一个非常普遍的现象。前秦氏族"其先盖有扈氏之苗裔，世为西戎酋长"④；北魏鲜卑拓跋氏"昔黄帝有子二十五人，或内列诸华，或外分荒服，昌意少子，受封北土，国有大鲜卑山，因以为号……黄帝以土德王，北俗谓土为托，谓后为跋，故

---

① 《晋书》卷 101《刘元海载记》，第 2645 页。
② 《晋书》卷 101《刘元海载记》，第 2649 页。
③ 《晋书》卷 101《刘元海载记》，第 2649～2650 页。
④ 《晋书》卷 112《苻洪载记》，第 2867 页。

以为氏"①；铁弗匈奴赫连勃勃则标榜自己为"大禹之后，世居幽朔""自以匈奴夏后氏之苗裔也"②；鲜卑慕容氏"其先有熊氏之苗裔，世居北夷，邑于紫蒙之野，号曰东胡"③。

十六国时期的各个内迁民族通过族源寻根，将本民族的起源追溯到与华夏民族同源异流的炎黄，不仅轻而易举地击碎了大汉族主义的"夷夏之辨"与"夷夏之防"，标榜了新朝承接华夏民族帝系的正统地位，同时也为排除本部族守旧势力的干扰，推进新政权的汉化与封建化事业，提供了有力的宗法保障。

这种族源上的认同，虽然传说和假托的意味多，并不可靠，但不可否认的是这种祖源追溯具有一定的历史效应和影响，它试图淡化内迁民族与华夏民族之间的界限，而且在实际的历史进程中，它们对当时各内迁民族政权的立国和治国都起到了唤起和聚合人心的作用。

但是，石勒不仅没有利用这种祖源攀附的聚合作用，还非常明确地标明自己的胡族身份："其先匈奴别部羌渠之胄。"石勒和石虎在宗庙祭祀上追尊的都是自己真实的祖先：石勒"追尊其高祖曰顺皇，曾祖曰威皇，祖曰宣皇，父曰世宗元皇帝，妣曰元昭皇太后"④，石虎"追尊祖匐邪为武皇帝，父寇觅为太宗孝皇帝"⑤。石氏的这种态度、行为与刘渊建国时的"宗汉立国"的理念有非常大的不同。

不仅如此，石勒还经常在不同的场合自称中国传统中用来指

---

① 《魏书》卷 1《序纪》，第 1 页。
② 《晋书》卷 130《赫连勃勃载记》，第 3205、3202 页。
③ 《晋书》卷 108《慕容廆载记》，第 2803 页。
④ 《晋书》卷 105《石勒载记》，第 2746 页。
⑤ 《晋书》卷 106《石季龙载记》，第 2765 页。

称非华夏民族的"胡"或"夷"、"戎"等。西晋边臣刘琨曾以授石勒官职的条件劝降石勒，却被石勒以"吾自夷，难为效"①的理由拒绝；石勒奉表王浚推其为天子时也宣称："勒本小胡，出于戎裔。"② 不仅石勒，普通的羯人也不忌讳自己的胡人身份，而且非常欣喜地接受这种称呼。

石勒和刘曜交战，刘曜捉住几个羯人，亲自讯问："大胡自来耶，其众大小复何如？"羯人回答："大胡自来，军盛不可当也。"③ 由此可知，"胡"不仅是羯族的一种他称，同时也是羯人的一种自称，表明石勒及其羯人在民族认同上，是认可自己的胡夷身份的。石勒之从子石虎对自己的戎狄身份也不加回避；太兴四年（321），石虎攻段匹磾于厌次（今山东阳信东），匹磾弟段文鸯率壮士数十骑出战，遇马乏，伏不能起。石虎劝降说："大兄与我俱是戎狄，久望共同。天不违愿，今日相见，何故复战？请释杖。"④ 石虎不仅在同为戎狄的段氏面前不忌讳其戎狄身份，而且在文明程度比较高的汉族士大夫面前，石虎对于自己的民族身份也是非常张扬。

石虎大崇佛教，引起了汉族士大夫的不满，中书著作郎王度上书曾以"佛出西域，外国之神，功不施民，非天子诸华所应祠奉"⑤ 为由加以劝谏。王度的上书得到了许多汉族士大夫的支持，面对这种形势，石虎则下书明确告知说："朕生自边壤，忝

① 《晋书》卷104《石勒载记》，第2715页。
② 《晋书》卷104《石勒载记》，第2721页。
③ 《晋书》卷103《刘曜载记》，第2700页。
④ 《晋书》卷63《段匹磾传》，第1711页。
⑤ 慧皎撰，汤用彤校注《高僧传》卷9《神异上》，中华书局，1962，第352页。

当期运，君临诸夏。至于飨祀，应兼从本俗。佛是戎神，正所应举。"① 进一步明确了"本俗"与"戎神"的关系。无论是反佛还是奉佛，双方的理由都是佛为"外国之神"或"戎神"，从中既可以看到汉族士大夫的偏见，同时也能清楚地看到石虎对于自己本民族身份的确认。

但是石勒、石虎在高扬"胡"之民族身份的同时，史书中也有他们讳胡的记载，而且石勒"讳胡尤峻"②；"崔鸿《后赵录》曰石勒制法甚严，兼讳胡尤峻"③；"后赵石勒初僭称赵王，宫殿及诸门始就，制法令甚严，讳胡尤峻"④。也有一些具体的事例证明这一点，如石勒叔侄皆有因"讳胡"而将"胡"物改名的行为：石勒"讳胡，胡物皆改名，胡饼曰搏炉，石虎改曰麻饼"⑤；《艺文类聚》卷85"豆"条引《邺中记》曰"石勒讳胡，胡物皆改名，胡饼曰麻饼，胡绥曰香绥，胡豆曰国豆"⑥。

但是，值得我们注意的是除了改胡物之名这一具体行为之外，并没有更多实质性的史料证实石勒"讳胡尤峻"，而且史书中更多的记载说明的情况与此恰恰相反："有醉胡乘马突入止车门，勒大怒，谓宫门小执法冯翥曰：'夫人君为令，尚望威行天下，况宫阙之间乎！向驰马入门为是何人，而不弹白邪？'翥惶惧忘讳，对曰：'向有醉胡乘马驰入，甚呵御之，而不可与语。'

---

① 慧皎撰，汤用彤校注《高僧传》卷9《神异上》，中华书局，1962，第352页。
② 《晋书》卷105《石勒载记》，第2737页。
③ 王钦若：《册府元龟》卷497《人事部》，中华书局，1960，第2274页。
④ 王钦若：《册府元龟》卷226《僭伪部》，第2694页。
⑤ 李昉：《太平御览》卷119《偏霸部》引崔鸿《十六国春秋》，第3819页。
⑥ 欧阳询：《艺文类聚》卷85《百谷部》，上海古籍出版社，1965，第1543页。

勒笑曰：'胡人正自难与言。'恕而不罪。"① 宫门执法官称胡人为"醉胡"，石勒不仅没有怪罪，而且自己也将喝醉之人笑称为"胡人"；再看樊坦参军的例子，"勒见坦衣冠弊坏，大惊曰：'樊参军何贫之甚也！'坦性诚朴，率然而对曰：'顷遭羯贼无道，资财荡尽。'勒笑曰：'羯贼乃尔暴掠邪！今当相偿耳。'坦大惧，叩头泣谢。勒曰：'孤律自防俗士，不关卿辈老书生也'，赐车马衣服装钱三百万，以励贪俗"②。这两个事例说明，石勒其实并不真正忌讳"胡"之称谓，否则真如史书所说"讳胡尤峻"，他不可能对臣下称呼有劫掠行为的羯人为"羯贼"都无动于衷。

既然石勒并不是真正讳胡，且有时还会自称为"胡"或"戎狄"，那么如何理解石勒、石虎改胡物之名的行为呢？为了了解这个矛盾现象，我们必须搞清楚，在当时的环境下，"胡"究竟具有什么样的含义。"春秋战国时期，'胡'是北方游牧民族的泛称，匈奴只是'胡'之一种。秦汉之际，'胡'一度成为匈奴的专称。东汉末年至十六国时期，'胡'再一次成为北方游牧民族的泛称，其中包括乌丸（桓）、羯、鲜卑等民族"③，尽管东汉末年到十六国时期"胡"有非华夏民族泛称的趋势，在一般情况下并没有贬低的意思，但相对于文明程度比较高的华夏民族来讲，这些内迁民族的确又是文化比较落后的一个群体，虽然在十六国时期，内迁民族纷纷建立政权，成为中原地区的实际统治者，政治地位有很大程度的提高，但中国传统文

---

① 《晋书》卷 105《石勒载记》，第 2737 页。
② 《晋书》卷 105《石勒载记》，第 2741 页。
③ 吴洪琳：《五胡新释》，《陕西师范大学学报》（哲学社会科学版）2009 年第 4 期。

化中的"夷夏之辨"思想一直是"内诸夏而外夷狄""贵中华贱夷狄"，因此这些内迁民族的社会地位并没有得到华夏民族的完全认可，而且各个政权统治下的民族矛盾与民族冲突时常发生，有时也非常激烈，因此这些泛指北方游牧民族的称呼被华夏民族使用时有污名化的倾向，"胡"常与一些具有污蔑性的词语联系在一起，如"凶胡"①"凶胡臭羯"②"恶胡"③"逆胡"④"胡贼"⑤等。

这样一来，"胡"在不同的语境下，在十六国时期就有了两层含义：一是客观事实的陈述或民族身份的指认，即"胡"民族；一是由于传统的"夷夏之辨"思想的影响，"胡"之称谓附加了强烈的情感色彩，变成一种有污名化倾向的称呼，时常与"凶""恶""逆"等侮辱性的词语联系在一起，成为社会地位、文化水平低下及本性"凶""恶"的代名词，这种污名化的现象在十六国时期非常普遍。因此，民族意识非常强的石勒、石虎，在高扬自己胡族身份的同时，自然而然地对带有明显污名化含义的"胡"之称谓极力回避，因此才会有石氏那些看起来非常矛盾的行为。

综上所述，曾经活动于华夏边缘地区，处于附庸地位的北方民族羯族迁入中原之后，其代表人物石勒建立政权时，顺应中国传统文化选择"赵"为国号，这既体现了石勒与其他内迁民族相同的政治取向，同时也表明了与刘曜前赵政权决裂并与之争正

---

① 《晋书》卷6《中宗元帝纪》，第144页。
② 《晋书》卷63《段匹磾传》，第1712页。
③ 《晋书》卷47《傅玄传》，第1322页。
④ 《晋书》卷60《刘琨传》，第1683页。
⑤ 《晋书》卷73《庾亮传》，第1935页。

统的意图与决心；但在民族身份的选择上，石勒等人具有非常鲜明的个性特点，与内迁民族大多攀附华夏远祖不同，他们非常高调地自名为"胡"，下令号胡人为具有一定政治权力的"国人"，第一次以法律的形式将胡人的政治地位制度化；与此同时，也重禁胡人"不得侮易衣冠华族"，石勒对胡、汉双方同时加以约束，充分体现了他的民族平等思想。汉国、后赵等内迁民族建立的政权，冲破了中国传统思想中"胡人不能为帝王"的藩篱，但内迁胡族的社会地位并没有得到很大程度的提高，由于"夷夏之辨"思想的影响，贬抑胡人的现象仍旧存在，"胡"经常与一些具有污蔑性的词语联系在一起，故而石氏对于有污名化倾向的"胡"之称谓又刻意回避，将胡物改名，从而有了史书"讳胡尤峻"的记载。

铁弗匈奴的自我认同

魏晋南北朝时期是我国历史上民族大融合的时期，在这一时期各个民族之间不断分化、整合，形成许多新民族，铁弗匈奴即是其中一支。铁弗匈奴形成之后主要活动于朔方地区，义熙三年（407）建立大夏政权，凭借强大的军事力量蚕食后秦大部分领土，义熙十四年（418）攻入后秦都城长安。强盛时期领有相当于今陕西北部、宁夏回族自治区及内蒙古中部一带地区，衰落之时，仍有力量灭亡西秦政权，并给西进的北魏势力以强有力的阻击。元嘉四年（427）都城统万被北魏攻破，元嘉八年（431）第三个皇帝赫连定被吐谷浑所俘，夏国灭亡。夏政权只延续了25 年，但仍是十六国时期的一个重要组成部分。

夏国建立者铁弗匈奴，先祖刘猛时将其单于姓氏虚连鞮氏改为汉朝宗室刘氏，刘虎时始以"胡父鲜卑母"之意的"铁弗"为号，勃勃之时建立政权，因史书记载匈奴为夏后氏之苗裔而以夏为国号，并将刘姓改为胡族特征非常明显的赫连氏。这一系列变化可以说是铁弗匈奴的民族意识及自我认同变迁的具体体现，具有非常突出的个性特点，反映了十六国时期内迁民族在自我认同上的矛盾、挣扎及反复，在此拟就这一问题做一些初步的探讨。

一 铁弗匈奴之先祖改姓刘氏

"铁弗"之称始于刘虎，刘虎系南匈奴右贤王去卑后裔①。去卑又是南匈奴最后一个单于呼厨泉的叔父②，故刘虎之祖去卑为南匈奴单于一族③。

匈奴在两汉时期经过两次大的分裂，陆续有部众南迁，入居内地，与汉人错居杂处，逐渐受到汉文化的浸染，单于宗族将其姓氏虚连鞮氏改为汉姓刘氏，原因是汉高祖时曾"以宗女为公主，以妻冒顿，约为兄弟，故其子孙遂冒姓刘氏"④，但具体改姓始于何时、何人，史未明载。从去卑后裔刘虎、刘猛的名字看，作为单于宗族，去卑一支也随之而姓刘。

关于匈奴单于宗族改姓的时间，学界略有争议，但大体不出曹魏时期⑤，去卑后裔改姓刘氏也应该在这一时期，最早见于刘

---

① 《魏书》卷 95《铁弗刘虎传》，第 2054 页。
② 《北史》卷 53《破六韩常传》，第 1902 页。
③ 学术界对此有疑问，但因此问题不影响本书的立论，故暂且认可史书关于去卑身份的说法。
④ 《晋书》卷 101《刘元海载记》，第 2645 页。
⑤ 周伟洲先生认为是在曹魏时期，参见《汉赵国史》，广西师范大学出版社，第 2 页。台湾学者雷家骥先生认为："并州强部王长出现刘氏者，其事不始于魏末，而始见于梁习整治胡部二十余年稍后，即少帝齐王芳正始（240~248）间之并州，匈奴王刘靖部众强盛是也。"参见《试论五胡及其君长的汉化思考》，2003 年"汉化、胡化、洋化：中国历史文化质变与多元性格国际学术研讨会"宣读论文，第 36 页。黄烈先生认为匈奴改刘姓始于刘豹（？~279），参见《中国古代民族史研究》，人民出版社，1987，第 193 页。

猛（？～271）①。单于一族改姓刘氏与当时的汉匈关系及匈奴的实际状况有很大的关系。

匈奴是公元前 3 世纪兴起于大漠南北的一个游牧民族。冒顿时期征服蒙古草原诸部，建立强大的草原帝国，"尽服从北夷，而南与诸夏为敌国"②，从而使匈奴的"自尊"或民族意识非常强烈，如冒顿单于给汉朝皇帝的书信中，开头就是"天所立匈奴大单于"；高祖死后，冒顿对其后吕氏大肆侮辱："使使遗高后曰：'孤偾之君，生于沮泽之中，长于平野牛马之域，数至边境，愿游中国。陛下独立，孤偾独居。两主不乐，无以自虞，愿以所有，易其所无'。"③ 老上单于宣称自己是"天地所生日月所置匈奴大单于"④，孤鹿姑单于曾说："南有大汉，北有强胡。胡者，天之骄子也。"⑤ 这都充分表达了强盛时期匈奴民族的自豪感和强烈的民族意识。

随着内部的纷争及势力的衰弱，匈奴自信心逐渐减弱。东汉初年，南匈奴入附于汉朝，每年接受汉朝的经济支援与军事监护，单于常被汉监护将领逼迫、拘禁，乃至杀害：永和五年（140）南匈奴左部句龙吾斯、车纽叛乱，汉顺帝令单于休利出面劝降，但无果，新任使匈奴中郎将陈龟"以单于不能制下，逼迫之，单于及其弟左贤王皆自杀"⑥；"延熹元年（158），南单

---

① 去卑的兄弟辈及子侄辈中仍有许多胡族之名：如去卑之弟潘六奚，见《北史》卷53《破六韩常传》，第1902页；去卑之子侄辈（即刘猛的平辈）中有诰升爰（诰升爰一名训兜）。
② 《汉书》卷94《匈奴传》，第3751页。
③ 《汉书》卷94《匈奴传》，第3751页。
④ 《汉书》卷94《匈奴传》，第3754页。
⑤ 《汉书》卷94《匈奴传》，第3780页。
⑥ 《后汉书》卷89《南匈奴传》，第2960页。

于诸部叛，遂于乌桓、鲜卑寇缘边九郡，以张奂为北中郎将讨之，单于诸部悉降。奂以单于不能统理国事，乃拘之，上立左谷蠡王"①；灵帝光和元年（178），单于某死而子呼徵立，翌年"中郎将张修与单于不相能，修擅斩之，更立右贤王羌渠为单于"②。

建安二十一年（216），匈奴单于呼厨泉投靠曹操。曹操分其众为左、右、南、北、中五部，每部选尊贵者为帅，别令汉人为司马，以监督之③。匈奴部落组织虽被保存，但权力已全部落入曹魏的手中，单于只是徒有虚名的称号，南匈奴国家政权亡。

总之，东汉以来匈奴单于的权威地位每况愈下，与当年之"天所立匈奴大单于"或"天地所生日月所置匈奴大单于"位号权威相去甚远。匈奴首领的"自尊"意识逐渐弱化，至呼韩邪单于继位时，"今事汉则安存，不事则危亡"④ 成了匈奴处理汉匈关系的指导思想，积极认同"汉与匈奴合为一家"⑤，而改汉姓成为匈奴的具体实践之一。

但是，为什么改姓这一行为发生在曹魏时期，却选择了汉朝的"刘"姓呢？

首先，匈奴改刘姓有历史渊源，汉高祖时曾"以宗女为公主，以妻冒顿，约为兄弟，故其子孙遂冒姓刘氏"，但这只是为匈奴提供了一个选择的依据，更深层的原因应不止于此。

---

① 《后汉书》卷 89《南匈奴传》，第 2963 页。
② 《后汉书》卷 89《南匈奴传》，第 2964 页。
③ 《晋书》卷 97《北狄匈奴传》，第 2548 页。
④ 《汉书》卷 94《匈奴传下》，第 3797 页。
⑤ 《汉书》卷 94《匈奴传下》，第 3801 页。

内迁匈奴改姓时期的中原地区，是魏、蜀、吴三国鼎立时期，三国之间为扩大地盘、掠夺财产，不断进行着战争，曹魏政权为了拉拢一切可资利用的力量，极力笼络内迁民族参与到这场混战之中。经过这场混战的洗礼，内迁民族得到了充分的历练，政治上日趋成熟，他们清楚地知道，割据纷争的局面，是一个绝好的机会，但是他们毕竟根基太浅、力量太弱，能否做汉高、魏武或者"得志于诸侯"，汉民族的向背是一个非常关键的因素。因此，如何减少来自汉民族的阻力，并争取获得支持，是他们必须首先考虑的问题。而三国混战的状况，使一切变得不可预知、充满变数，增加了抉择的难度，使他们有点无所适从，故而，在形势未明朗的情况下，魏国的曹姓绝对不是最佳选择。

深谙此理的内迁民族只好另寻出路，而享国 400 余年的汉朝是中国历史上最为强盛的朝代之一，秦王朝所创立的封建制度直至汉代才真正完备，西汉的文景之治，东汉的光武中兴，对后世的影响十分深远，因此，饱受战乱之苦的西晋人民有着十分深厚的思念故汉的社会文化心理基础："昔汉有天下久长，恩结于民"①，"天下咸思汉德"②。故刘渊起兵后，采取"且可称汉，追尊后主，以怀人望"的策略，以至于"胡晋归之者愈众"③。

在匈奴人民的心目中，汉王朝也有不同寻常的意义：自匈奴帝国建立以来，无论强与弱，它都一直与汉朝有千丝万

---

① 《资治通鉴》卷 85 "晋惠帝永兴元年"，第 2705 页。
② 《后汉书》卷 12 《卢芳传》，第 505 页。
③ 《资治通鉴》卷 85 "晋惠帝永兴元年"，第 2702 页。

缕的联系，而且双方之间还存在比较亲密的和亲关系，这种密切的关系是匈奴民族历史记忆中非常鲜活而且深刻的一个记忆，这一切都使得在匈奴民族考虑如何获取汉族人民的支持时，汉朝都是一个不容忽视、不能忘却的符号。改姓为有历史依据的刘氏，既能迎合汉民族存亡续绝的文化传统和晋末各族人民思念汉代承平岁月的社会心理，又能从民族属性上混融华夷，突破汉人"蛮夷猾夏"的大汉族主义情结和淡化"非我族类，其心必异"民族隔离的藩篱，也有助于标榜匈奴王者之师的政治名分，从而为联合各族反晋力量，提供了有利条件。

二 刘虎以"铁弗"为号

铁弗匈奴之先祖在刘猛时改姓，到刘虎之时，开始以"铁弗"为号。铁弗，《魏书》卷95《铁弗刘虎传》曰"北人谓胡父鲜卑母为'铁弗'"。

刘虎为刘猛之侄（刘虎之父诰升爰是刘猛之弟），永嘉三年（309），其父诰升爰死后，代领部众，共30余年，而这30余年正是中原地区动荡、剧变的时期。

291~306年，西晋统治阶级内部争权夺利，发生了"八王之乱"，引发了汉族人民和边疆各族人民不断的反抗行动，这种混乱的状况为觊觎中原已久的边疆各族上层贵族提供了便利条件和绝好的机会。

永兴元年（304），刘渊反晋，称汉王，永嘉二年（308）改称皇帝，国号为"汉"。势力迅速向东扩展到冀、司、青、徐、兖、豫诸州，向西发展到雍州以东，以致"郡县莫能自保"①，最终导致西晋灭亡。刘渊建立汉国，开创了秦汉以来北方少数民族建立政权、参与华夏正统争夺的新局面，为其他少数民族建立政权树立了榜样。在榜样的示范作用下，作为朔方地区比较强盛的一支力量，刘虎自然不甘落后。但是，有经验的野心家都知道，行动必须有一定的纲领和组织原则，为此，刘虎选择了"铁弗"这样一个符号，用以承载他的伟大理想及抱负，同时也可以号召朔方地区一切可以利用的力量。

铁弗匈奴先祖在去卑之时曾经深入中原地区，活动在山西南部、河南等地，但西晋泰始七年（271）春正月，刘猛因故逃至塞外之后，这支基本上主要活动在代北地区。当时的代北地区，从"云中、五原以东抵辽水，皆为鲜卑庭"②。尽管如此，塞外仍有许多匈奴留居当地，学者统计的西晋初年因故内迁的匈奴"至少不下二十余万口"③，这一数字就可以充分说明。

因此，在匈奴故地这一广袤地区，出现未迁徙匈奴与南迁至此的鲜卑混居杂处的情况，这种状况促使匈奴与鲜卑之间的通婚，从史书记载可以推知，匈奴与鲜卑之间的通婚现象在当时比较普遍。尤其是拓跋鲜卑与匈奴的通婚更是如此，《魏书》中就有许多这方面的记载，有学者就说：拓跋鲜卑"自献帝邻（第二推寅）以后，历代的拓跋氏多跟属于匈奴系统的独孤部、贺赖部等族往来，并互为婚姻。拓跋鲜卑自始至终跟匈奴以及曾经

---

① 《资治通鉴》卷86"晋惠帝光熙元年"，第2724页。
② 《三国志》卷30《鲜卑传》，引鱼豢《魏书》，第836页。
③ 周伟洲：《汉赵国史》，广西师范大学出版社，2006，第12页。

属于匈奴国家的其他部落发生相互融合的关系的。因此南朝的统治阶级和史学家大都认为'索虏'是匈奴的一种，他们又统治了许多匈奴部落"①。

史书记载中，有关于拓跋先祖的一个传说。献帝时，始居匈奴故地。初圣武帝时曾北率数万骑田于山泽，见一妇人，侍卫甚盛。帝异而问之，对曰："我，天女也，受命相偶。"二人于是结合，一年后育有一子，即其始祖②。从学者所说拓跋即胡母鲜卑父可以看出，这一传说中的天女，应当即是匈奴女子。

关于去卑后裔及其部众与南下的鲜卑通婚的情况，在刘虎之前未见记载，但是其部首及部众与鲜卑通婚的情况应是普遍存在的，否则不会有意为"胡父鲜卑母"的"铁弗"之称出现。在刘虎以"铁弗"为号之后，两族之间的通婚见于记载的有：东晋大兴元年（318），攻打拓跋代的刘虎被拓跋郁律击败，刘虎之弟路孤，率部逃至拓跋部，拓跋郁律以女妻之；③晋成帝咸康七年（341），刘务桓"遣使求和于代"，代王拓跋什翼犍以女妻之；④晋穆帝升平四年（360），"卫辰来会葬，因而求婚，许之"⑤。史籍所载两族通婚的例子，也可聊作"铁弗"匈奴为"胡父鲜卑母"之说的注释。

随着南迁鲜卑与留居当地的匈奴混居日久，二者之间通婚日益频繁，"胡父鲜卑母"的后裔也越来越多。因此，如何获得这部分人的支持和认同，是居于此地的刘虎必须考虑的一个重要问

① 马长寿：《乌桓与鲜卑》，广西师范大学出版社，2006，第231页。
② 《魏书》卷1《序纪》，第2页。
③ 《魏书》卷1《序纪》，第9页。
④ 《资治通鉴》卷96"晋成帝咸康七年"，第3046页。
⑤ 《魏书》卷1《序纪》，第14页。

题。趋强避弱、趋利避害是"城头变换大王旗"时经常遵循的一个原则，大规模匈奴迁徙之后，留居的匈奴可以自号鲜卑[1]，刘虎当然可以以"铁弗"为号。以居于此地的、许多人共有的一种特征"胡父鲜卑母"，即"铁弗"为号比较容易得到他们的认同。

"北人谓胡父鲜卑母为'铁弗'，因以为号"[2]，从中可知，"铁弗"至少有三层含义：第一，"铁弗"即"胡父鲜卑母"；第二，"铁弗"最早是一种他称，而非自称；第三，"铁弗"初始是泛指"胡父鲜卑母"这类人，只是在刘虎以此为号之后，才成为一种专称。

从"铁弗"即"胡父鲜卑母"可以得知，此称号与非汉族有密切的关系，它凸显了某类人的胡族特点，与刘猛、刘豹刻意改汉姓以消除与汉族的差异，获得汉族认同之目的大相径庭。

三　以"夏"为国号

义熙三年（407），勃勃建立政权，自谓夏后氏之苗裔[3]，故称大夏天王、大单于，建元"龙升"，国号"大夏"。

铁弗匈奴建立政权之前，内迁民族在北方地区建立的政权已经有十四个：汉、凉（前凉、南凉、后凉、北凉、西凉）、燕（前燕、后燕、南燕）、秦（前秦、后秦、西秦）、赵（前赵、后

---

[1] 王沈《魏书》云："匈奴及北单于遁后，余种十余万落诣辽东杂处，皆自号鲜卑兵。"
[2] 《魏书》卷95《铁弗刘虎传》，第2054页。
[3] 《史记》卷110《匈奴列传》曰："匈奴，其先祖夏后氏之苗裔。"（第2789页）《汉书》从之。

赵）等。这些政权的建立，从各个方面为铁弗匈奴提供了诸多可资借鉴的经验，如国号及年号的选择。

夏国建立之前的政权国号大多与前代中原王朝的国号有关，这不是偶然现象，也不是当权者无所用意、信手拈来，而是经过审慎的选择，靳润成认为大致说来有两个原则。"首先，在统治中心和统治地域大体一致的前提下，继承前代中原王朝的国号（包括政区名称）。依据这一原则而择定的国号，在十六国时期占绝大多数。" 如石勒称赵，三燕，五凉（凉国号与中原王朝在此地区设置过的凉州有继承关系），前、后、西秦国号的继承关系更是不言而喻。其次是"尽量与前代中原王朝的统治者攀附关系，即汉、夏"①。但是靳润成只分析了各政权国号与地域的关系，对选择这些国号的用意及原因并没有进行分析。

魏晋时期，北方民族大规模的内迁和相互间的不断融合，为其挑战"华夏正统"提供了基础和前提，西晋的"八王之乱"也为内迁民族建立政权提供了机遇和可能性。因此，在作为秦汉以来封建王朝改朝换代理论依据的五德终始学说和西汉末年以来盛行的图谶的铺垫与配合之下，内迁民族纷纷建立政权，打破了长城以南一直是华夏农耕民族政治舞台的传统，开创了游牧民族建立政权的新局面。

但是，内迁民族在内地建立政权毕竟是中国历史上前所未有的事情，面对边疆民族政权对"华夏正统"的冲击，汉族士大夫的抵触情绪是十分强烈的，江统的《徙戎论》就是一个代表。

---

① 靳润成：《十六国国号与地域的关系》，《历史教学》1988 年第 5 期。

虽然江统的主张难以实现，但是这一认识真实地反映着汉族对边疆民族政权争夺"华夏正统"的态度，华夏正统观念不但深入汉族人心，而且也左右着内迁民族。

刘琨劝石勒时曾说："自古以来诚无戎人为帝王者，至于名臣建功业者，则有之矣。"建兴元年（313），石勒起事时，因"勒本小胡，出于戎裔"，"乃遣其舍人王子春、董肇等多斋珍宝，奉表推崇浚为天子"①，当王浚对此行为表示怀疑时，属下王子春说："且自古诚胡人而为名臣者实有之，帝王则未之有也。石将军非所以恶帝王而让明公也，顾取之不为天人之所许耳"②。

在儒家传统思想中的"内诸夏而外夷狄""非我族类，其心必异"观念的歧视与压迫下，内迁民族统治者对于君临长城以南地区忐忑不安，表现出非常明显的卑怯心理。

刘渊称帝时，一方面否定帝王正统："夫帝王岂有常哉，大禹出于西戎，文王生于东夷，顾惟德所授耳。"另一方面又顾虑"晋人未必同我"，所以不得不抬出"吾又汉氏之甥，约为兄弟，兄亡弟绍，不亦可乎"③的血缘关系作为称帝的依据。石勒找不到这样有利的依据，迟迟不敢称帝，直到起兵17年之后，才制造出一些祥符，登上皇帝宝座，但仍"恐后之人将以吾为不应符箓"。鲜卑慕容氏长期以晋臣自居："吾本幽漠射猎之乡，被发左衽之俗，历数之箓宁有分邪。"④太兴元年（318），靳准自

① 《晋书》卷104《石勒载记》，第2721页。
② 《晋书》卷104《石勒载记》，第2721页。
③ 《晋书》卷101《刘元海载记》，第2649页。
④ 《晋书》卷110《慕容儁载记》，第2834页。

号大将军、汉天王，但纠结于"自古无胡人为天子者"，而欲将攻破洛阳之时所得晋传国玺，托胡嵩带回东晋①。

因此，为了适应统治的需要，内迁民族不得不屈服于汉族封建统治阶级的意识形态之下，故刘元海称汉王时，追尊蜀汉刘禅为孝怀皇帝，祭汉高祖等，以汉王朝后继者的身份出现，其他内迁民族建立政权时也仿效刘渊，在历史中寻找依据，国号的选择就是最好的证明。

勃勃建立政权时，已经是十六国后期，内迁民族建立政权已经有百余年的历史，史书中虽有不少汉族士大夫赞美或追随边疆民族政权的记载，但是"内诸夏而外夷狄"的传统观念，仍是排斥内迁民族统治的有力武器，"华夷之分"的民族心理也是内迁民族统治的障碍。一个政权成为"华夏正统"并不是自己认为是就可以，必须得到中原汉族（华夏）的承认才成。

在政权建设中，国号承载了太多的含义，因此国号的选择非常重要，在这方面，前人给勃勃提供了非常好的经验，但前人选择国号时所遵循的地域原则对于偏居一隅的铁弗匈奴来说根本无法效仿，勃勃只能另寻出路，而汉族的传统史籍《史记》"模糊、开放"华夏与非华夏边界的记载正好提供了绝好的依据，在这种历史依据的引导下，"夏"成为他的最终选择。

将含义本为"胡父鲜卑母"的铁弗氏归宗于华夏始祖之一的夏后氏名下，便将铁弗匈奴的族属一变而为华夏支脉，为其拥有华夏正统身份找到了血缘和文化上的依据。

① 《资治通鉴》卷90"晋元帝太兴元年"，第2861页。

四　改姓"赫连"

义熙三年（407），铁弗匈奴建立夏政权，几年的军事征讨，其势力范围向南扩张到杏城（今陕西黄陵）、安定（今甘肃泾川）一线。413 年，勃勃始筑都城，并将其汉朝宗室之"刘"姓改为"赫连"[①]。从改姓诏书看，改姓原因是从宗法观念上讲，"子而从母之姓，非礼也"；而改姓为"赫连"是因为"赫连"有"徽赫实与天连"之意，目的是希望铁弗匈奴之民族及政权能由此"永享无疆大庆"[②]。对于勃勃改姓一事，姚薇元先生认为："按《魏书·官氏志》有綦连氏，乃居于祁连山之西部鲜卑，'祁连'为鲜卑语称'天'之意，勃勃改译为'赫连'，从汉语字面释为'徽赫实与天连'；盖译音而兼译意，藉以夸示其'系天之尊'也。疑勃勃先世本居于祁连山之西部鲜卑，以役属于匈奴，被号'铁弗'。迨勃勃称帝，乃复其本姓，而其宗族仍以'铁伐'为氏，古轻唇读如重唇，'铁伐'当即'铁弗'之异译，勃勃曲解为'刚锐如铁，皆堪伐人'，俾掩饰其先世之丑迹耳。"[③]颜师古注《汉书·武帝纪》之"天山"及《霍去病传》中之"祁连山"条皆曰："匈奴谓天为祁连。"知匈奴谓天为"祁连"。因此，姚先生认为勃勃将取天之意的"祁连"改译为"赫连"，"藉以夸示其'系天之尊'也"

---

① 《资治通鉴》卷 116 "晋安帝义熙九年"，第 3659 页。
② 《晋书》卷 130 《赫连勃勃载记》，第 3206 页。
③ 姚薇元：《北朝胡姓考》，科学出版社，1958，第 244 页。

非常有道理①，但是，认为勃勃先世有可能是祁连山之西部鲜卑，以役属于匈奴，被号铁弗的看法有点牵强，史书明确记载"胡父鲜卑母"为铁弗，并不是因役属于匈奴而被号铁弗。

在将宗室姓氏由"刘"姓改为"赫连"的同时，勃勃认为帝王"系天之尊，不可令支庶同之"，因此又令"其非正统，皆以铁伐为氏"，其意为"庶朕宗族子孙刚锐如铁，皆堪伐人"②。

赫连与铁伐，"玩其文字，赫连与铁伐等姓，视之似汉名，然退而考之，此二名实皆系胡语，而以汉字表示之。赫连之原语为Kulun，即由天之义而音译者，由是以表示'徽赫与天连'之义。又铁伐之原语，乃音译Mongol语与Turk语铁之义之temur者，由是以表示'刚锐堪伐人'之意。职是之故，铁伐与铁弗皆同名而异译也"③。对于"铁伐"与"铁弗"为同名异译这一观点，许多学者持同样看法。同姓的"铁弗"氏被别而二之，分为正统的赫连氏与支庶的铁伐氏，是"除了企图改观铁弗匈奴的杂类形象外，还含有神化王权、区分嫡庶、维护王室赫连氏在铁弗匈奴中'正统'地位的目的在内"④。这种分析有一定道理，但还不尽全面。

勃勃将铁弗匈奴姓氏分别改为"赫连""铁伐"二姓，更深层的原因是其民族意识或民族心理。无论学者们如何解释"赫连""铁伐"之意，没有异议的是这两个姓氏肯定是胡语的汉

① 周建奇在《释"赫连"》[《内蒙古大学学报》（哲学社会科学版）1989年第2期]中认为"赫连"一词的含义为"天"，于史无证。"勃勃只说了'赫连与天连'，并没有说它就是'天'"，而是"山顶"之意。但山顶的含义是高是毫无疑义的。
② 《晋书》卷130《赫连勃勃载记》，第3206页。
③ 〔日〕白鸟库吉：《匈奴民族考》，林幹《匈奴史论文选集（1919—1978）》，中华书局，1983，第204页。
④ 汪福宝：《秃发、拓跋"分姓目的"辨析》，中国魏晋南北朝史学会《魏晋南北朝论文集》，齐鲁书社，1991，第254页。

译。两晋十六国时期，内迁游牧民族纷纷接受汉族文化，改汉姓、习汉语成为一种风气，而勃勃却逆势而动，放弃沿用已久的汉朝宗室之"刘"姓，使用一个胡族特征比较明显的姓氏，除"企图改观铁弗匈奴的杂类形象""神化王权、区分嫡庶、维护王室赫连氏在铁弗匈奴中'正统'地位"之外，应蕴涵着更深刻的含义：表明了铁弗匈奴作为胡族的自信心和自豪感。这一点在勃勃对"赫连"与"铁伐"的解释分别为"徽赫实与天连""其非正统""庶朕宗族子孙刚锐如铁，皆堪伐人"[①]上表现得非常明显和突出。

铁弗匈奴形成之后，在与保留了比较浓重的游牧特性的拓跋鲜卑较量过程中，大多以失利而告终。后为拓跋鲜卑所逼迁居朔方地区，将注意力转移，开始向南扩展，建立政权后，逐渐蚕食后秦领土，在与后秦争夺岭北地区的过程中，铁弗匈奴的游牧特性及所拥有的骑兵优势得到充分的利用和显现，势力向南推进得比较顺利，基本上实现了先取岭北，再接近长安的目标。在此过程中，铁弗匈奴民族的自信心及自豪感进一步加强，两汉以来"南有大汉，北有强胡"的"胡"强心理得以延伸，因此决定在修筑都城的同时，放弃沿用已久的汉朝宗室"刘"姓，而将铁弗匈奴姓氏分别改为胡族特征凸显的"赫连"与"铁伐"氏，这一改变充分体现了以勃勃为代表的铁弗匈奴的民族心态。相关论述可见本书其他部分。

铁弗匈奴在发展、壮大过程中，在表明其正统地位及树立其民族意识方面，经过几代人多年的摸索与尝试，至勃勃之时，通

---

① 《晋书》卷130《赫连勃勃载记》，第3206页。

过以"夏"为国号及改姓"赫连"两种方式，比较圆满地得以解决。

综上所述，铁弗匈奴作为游牧民族内迁浪潮中的一支，在寻找归属感及自我认同的过程中，经历了许多曲折、反复及痛苦的抉择，相信铁弗匈奴的努力与尝试有可能是十六国时期内迁民族曾经的共同经历。

铁弗匈奴的民族心态

——以赫连勃勃为例

一 铁弗匈奴的形成

铁弗匈奴是公元前 3 世纪兴起于大漠南北的一个民族，最早的根据地在今内蒙古的阴山一带，当时匈奴部落首领冒顿征服蒙古草原周围各部，建立匈奴政权，此后与中原地区的秦、汉等政权发生了密切的关系。

东汉建武二十三至二十四年（47～48），因统治阶级内部发生争权斗争，匈奴发生了第二次大的分裂，原呼韩邪单于孙比因不得立为单于，率所主南边八部众四、五万人投降汉朝，八部大人共议立比为呼韩邪单于，沿用其祖父的名号，史称此部为南匈奴。留在漠北的蒲奴单于，被称为北匈奴，匈奴正式分为南北两部。建武二十六年（50），南匈奴单于庭徙于西河郡的美稷（今内蒙古准噶尔旗北），东汉"悉复缘边八郡"，允许南匈奴部众入居，"使韩氏骨都侯屯北地（治富平，今宁夏青铜峡南），右贤王屯朔方（治临戎，今内蒙古磴口北），当于骨都侯屯五原（治九原，今内蒙古包头西），呼衍骨都侯屯云中（治云中，今内蒙古托克托北），郎氏骨都侯定襄（治善无，今山西左云西），左南将军屯雁门（治阴馆，今山西代县西北），栗籍骨都侯屯代郡（治高柳，今山西阳高），皆领部众为郡县侦罗耳目"①，分布范围大致相当于今甘肃东北、山西与陕西北部以及内蒙古呼和浩特至包头一带，这是匈奴部众第一次大规模地向汉朝沿边诸郡迁徙。

东汉永和五年（140），南匈奴内部再次发生变乱，东汉政府为了避免南匈奴叛众的侵扰，"乃徙西河治离石（今山西离石），上郡治夏阳（今陕西韩城），朔方治五原（今内蒙古包头）"②，因此原来居住在西河北部、上郡、朔方等地的匈奴随之南下，大批南匈奴部众集中到并州的汾水流域一带。

曹魏时期，曹操将降己的匈奴分为五部，每部又立匈奴中贵者为帅，选汉人为司马监督之。曹操所分五部的分布是：左部统万余落，居于太原故兹氏县（今山西汾阳南）；右部统六千余落，居祁县（今山西祁县）；南部统三千余落，居蒲子县（今山西隰县）；北部统四千余落，居新兴县（今山西忻县）；中部统六千余落，居大陵县（今山西文水县东北）③。曹操分匈奴为五部的同时，留匈奴单于呼厨泉于邺，本意想瓦解匈奴的团结力量，削弱单于作为匈奴最高统治者的实权，使匈奴失去领导核心以便于控制。这种"单于在内，羌夷失统，合散无主"的状况，虽然使"单于之尊日疏"，达到了削弱单于势力的目的；但同时也使"外土之威日重"，失去统帅的匈奴五部很快又团结在了

---

① 《后汉书》卷89《南匈奴列传》，第2945页。
② 《后汉书》卷89《南匈奴列传》，第2962页。
③ 《晋书》卷97《北狄匈奴传》，第2548页。

"部族最强"① 的左贤王刘豹周围。刘豹将五部匈奴"并为一部"②,"而外土之威日重也"③。

南匈奴内部力量的聚合在很大程度上破坏了曹魏政权分而治之的政策,对曹魏政权产生比较大的威胁,引起当时朝中人士的忧虑。嘉平三年（251）时任城阳太守的邓艾因匈奴"刘豹部有叛胡"而建议"因叛割为二国,以分其势",右贤王去卑功显前朝（指护卫汉献帝之事）,因此应该加其子以显号,使之居雁门,以达到"离国弱寇"的目的。对此建议,史书记载司马师"皆从之"④。

晋泰始七年（271）去卑之子刘猛叛塞被杀,猛之部众则由去卑另一子诰升爰⑤（又名训兜⑥）代领,在今内蒙古凉城、山西右玉一带驻牧。如此一来,在曹魏分割匈奴势力的政策下,已经深入河东平阳一带活动的南匈奴去卑一支迁居到代北一带。

在匈奴南迁的过程中,兴起于我国东北大兴安岭地区的古代东胡民族的一支鲜卑族也开始向西、向南迁徙,到东汉末年迁至匈奴故地。迁居草原中、西部的鲜卑就与留居及重新返回塞外的南匈奴等错居杂处,随着时间的推移,各族间接触频繁、交往加深,出现了许多鲜卑与匈奴等族融合的后代,至刘虎之时正式形成的铁弗匈奴即其一。

---

① 《资治通鉴》卷75"魏邵陵厉公嘉平三年",第2391页。
② 《三国志》卷28《邓艾传》,第776页。
③ 《资治通鉴》卷75"魏邵陵厉公嘉平三年",第2391页。
④ 《资治通鉴》卷75"魏邵陵厉公嘉平三年",第2392页。
⑤ 《北史》卷93《僭伪附庸传》作"诰汁爰"。
⑥ 《晋书》卷130《赫连勃勃载记》及《太平御览》卷127《偏霸部》引《十六国春秋·夏录》皆作"训儿"。

二　改姓凸显的自豪感

关于铁弗匈奴之"铁弗"一词的来源及含义，史书记载为："铁弗刘虎，南单于之苗裔……北人谓胡父鲜卑母为'铁弗'，因以为号。"① 由此可知，"铁弗"一词的含义是"胡父鲜卑母"，马长寿先生进一步解释为"'Tuba'的对音，其义指两种姓杂交而生的新的种姓，在初时草原部民并无任何卑下之意"②，日本学者白鸟库吉则解释为满洲语"dufe 之对音，野合之义也"③。

铁弗刘虎系南匈奴右贤王去卑的后裔，南匈奴入迁内地以来，其单于宗族大约从于扶罗单于之子豹开始改姓"刘"④。对于南匈奴单于宗族改姓原因，史载汉高祖时曾"以宗女为公主，以妻冒顿，约为兄弟，故其子孙遂冒姓刘氏"⑤。南匈奴右贤王去卑为南匈奴单于一族（去卑为南匈奴单于呼厨泉的叔父）⑥，故其后裔也随之姓"刘"。铁弗匈奴之先祖姓"刘"似乎始于刘猛之时。刘猛之父兄子弟仍然大多取胡族之名，如刘猛父去卑，叔父潘六奚⑦，猛兄弟辈有诰升爰，诰升爰一名训兜，虎一名乌路孤，猛子有副仑等。刘猛改姓"刘"，与其他匈奴改刘姓的目

---

① 《魏书》卷 95《铁弗刘虎传》，第 2054 页。
② 马长寿：《北狄与匈奴》，三联书店，1962，第 102 页。
③ 〔日〕白鸟库吉：《东胡民族考》，林幹《匈奴史论文选集（1919—1978）》，中华书局，1983，第 142 页。
④ 黄烈：《中国古代民族史研究》，人民出版社，1987，第 193 页。
⑤ 《晋书》卷 101《刘元海载记》，第 2645 页。
⑥ 《北史》卷 53《破六韩拔陵传》，第 1902 页。
⑦ 《北史》卷 53《破六韩拔陵传》，第 1903 页。

的是相同的，即适应内迁，号召汉人，以使自己合法化。

晋安帝义熙三年（407），勃勃闻后秦姚兴复与北魏相通而怒，叛秦独立，在朔方地区建立夏政权。经过几年的军事征讨，其势力范围向南扩张到杏城（今陕西黄陵）、安定（今甘肃泾川）一线，在此情况下，勃勃以"子而从母之姓，非礼也"为由，于夏凤翔元年（413）意欲改变其所冒汉朝皇室之"刘"姓，因"匈奴谓天为祁连"①，故改姓"赫连"。"赫连"之意据勃勃解释为"帝王者，系天为子，是为徽赫实与天连"。

从改姓诏书看，改姓是因为勃勃认为从宗法观念上讲，"子而从母之姓，非礼也"；而改姓为"赫连"是因为"赫连"有"徽赫实与天连"之意，希望铁弗匈奴之民族及政权由此能"永享无疆大庆"②。

对于赫连勃勃改姓一事，我国学者姚薇元先生认为勃勃冒称姒氏及刘氏皆系"伪托之辞"，"惟改姓赫连，必有所本，按《魏书·官氏志》有綦连氏，乃居于祁连山之西部鲜卑，'祁连'为鲜卑语称'天'之意，勃勃改译为'赫连'，从汉语字面释为'徽赫实与天连'；盖译音而兼译意，藉以夸示其'系天之尊'也。疑勃勃先世本居于祁连山之西部鲜卑，以役属于匈奴，被号'铁弗'。迨勃勃称帝，乃复其本姓，而其宗族仍以'铁伐'为氏，古轻唇读如重唇，'铁伐'当即'铁弗'之异译，勃勃曲解为'刚锐如铁，皆堪伐人'，俾掩饰其先世之丑迹耳"③。颜师古注《汉书·武帝纪》之"天山"及《霍去病传》中之"祁连

① 《汉书》卷6《武帝纪》，第203页；同书卷55《卫青霍去病传》，第2481页。
② 《晋书》卷130《赫连勃勃载记》，第3206页。
③ 姚薇元：《北朝胡姓考》，科学出版社，1958，第244页。

山"条皆曰"匈奴谓天为祁连",知匈奴谓天为"祁连"。因此，姚先生认为勃勃将取天之意的"祁连"改译为"赫连"，"从汉语字面释为'徽赫实与天连'；盖译音而兼译意，藉以夸示其'系天之尊'也"非常有道理。但是，认为勃勃先世有可能是祁连山之西部鲜卑，以役属于匈奴，被号铁弗的看法有点牵强，史书明确记载"胡父鲜卑母"为铁弗，并不是因役属于匈奴而被号铁弗。

在将宗室姓氏由"刘"姓改为"赫连"的同时，勃勃认为帝王"系天之尊，不可令支庶同之"，因此又令"其非正统，皆以铁伐为氏"，其意为"庶朕宗族子孙刚锐如铁，皆堪伐人"①。

对于赫连与铁伐之意，日本学者白鸟库吉认为："玩其文字，赫连与铁伐等姓，视之似汉名，然退而考之，此二名实皆系胡语，而以汉字表示之。赫连之原语为 Kulun，即由天之义而音译者，由是以表示'徽赫与天连'之义。又铁伐之原语，乃音译 Mongol 语与 Turk 语铁之义之 temur 者，由是以表示'刚锐堪伐人'之意。职是之故，铁伐与铁弗皆同名而异译也。"② 对于"铁伐"与"铁弗"为同名异译这一观点，许多学者持同样看法。对于同姓的"铁弗"氏被别而二之，分为正统的赫连氏与支庶的铁伐氏，有学者认为是"除了企图改观铁弗匈奴的杂类形象外，还含有神化王权、区分嫡庶、维护王室赫连氏在铁弗匈奴中'正统'地位的目的在内"③。这种分析比较深刻，但似乎还不尽全面。

① 《晋书》卷130《赫连勃勃载记》，第3206页。
② 〔日〕白鸟库吉：《匈奴民族考》，林幹《匈奴史论文选集（1919—1978）》，中华书局，1983，第204页。
③ 汪福宝：《秃发、拓跋"分姓目的"辨析》，中国魏晋南北朝史学会《魏晋南北朝史论文集》，齐鲁书社，1991，第254页。

笔者认为勃勃将铁弗匈奴姓氏分别改为"赫连""铁伐"二姓，更深层的原因是其民族意识或民族心理。无论学者们如何解释"赫连""铁伐"之意，没有异议的是这两个姓氏肯定是胡语。两晋十六国时期，内迁游牧民族纷纷接受汉族文化，改汉姓、习汉语成为一种风气，在这种情况下，勃勃逆势而动，放弃沿用已久的汉朝宗室之"刘"姓，使用一个少数民族特征比较明显的姓氏，其改姓除"企图改观铁弗匈奴的杂类形象""神化王权、区分嫡庶、维护王室赫连氏在铁弗匈奴中'正统'地位"之外，应蕴含着更深刻的含义。由汉朝宗室"刘"姓改为有胡族特征的"赫连"，有意强调和凸显其民族特征，与此同时，表明了铁弗匈奴作为胡族的高度自信心和自豪感。这种自信心和民族自豪感在勃勃对"铁伐"一词的解释上表现得更加明显和突出："其非正统""庶朕宗族子孙刚锐如铁，皆堪伐人"[1]。

铁弗匈奴正式形成之后，一直在代北地区与保留了比较鲜明的游牧特性的拓跋鲜卑争夺领导权，但大多以失利而告终。后为拓跋鲜卑所逼迁居朔方地区，将注意力转移，开始向南扩展，趁势建立政权，并按原定计划逐渐蚕食后秦领土，在与后秦争夺岭北地区的过程中，铁弗匈奴的游牧特性及所拥有的骑兵优势得到充分的发挥和显现，势力向南推进得比较顺利，基本上实现了先取岭北，再接近长安的目标。在与后秦作战的过程中，铁弗匈奴对其所归属民族的自信心及民族自豪感进一步加强，两汉以来"南有大汉，北有强胡"的"胡"强心理得以延伸，因此决定在修筑都城的同时，将铁弗匈奴姓氏分别改为"赫连"与"铁

---

① 《晋书》卷130《赫连勃勃载记》，第3206页。

"伐"氏。

由"铁伐"即"宗族子孙刚锐如铁，皆堪伐人"可以推知，在勃勃看来，铁弗匈奴武力的强大及其部属的勇猛善战是本民族的一个优势，值得自豪和骄傲，应对此加以发扬光大，勃勃试图以这一优势军事力量征服广大的汉人及其地区，以达到他统一天下的目的。对于勃勃将铁弗匈奴的姓氏分别改为"赫连""铁伐"，有学者分析得比较精当："铁弗之改姓为赫连，主要还是改正草原诸部族的观感而言的，对于中原的汉人则'又号其支庶为铁伐氏，云其宗族刚锐如铁，皆堪伐人'。此'铁伐'正是'铁弗'的异译，只从字面上看有'以钢铁伐人'之义罢了"①。

一个民族或具体到一个人，民族意识或民族心态的产生及变化应该有一定的背景和根源，其所归属民族的历史、文化、生活环境等许多方面都会对此有所影响，勃勃改姓所体现的民族自信心及自豪感，分析说来主要来自以下几个方面。

一是历史的原因。自两汉魏晋以来，众多的游牧民族南迁，但是在这些南迁民族之中，匈奴民族是唯一一个建立过草原帝国的民族，而且自秦汉以来，与中原王朝无论是和是战，匈奴都是中原王朝不可忽视的一支力量。匈奴奴隶制国家曾经依靠强大的军事力量，统一了大漠南北，东并东胡，西服西域，形成了"长百蛮"抗大汉的强盛局面。西汉时期，匈奴孤鹿姑单于曾经说过："南有大汉，北有强胡。胡者，天之骄子也。"② 这就充分表达了在强盛时期匈奴的民族自豪感和强烈的民族意识。

---

① 马长寿：《北狄与匈奴》，三联书店，1962，第103页。
② 《汉书》卷94《匈奴传》，第3780页。

对于匈奴民族曾经的辉煌历史，铁弗匈奴有所感知，夏国所著《统万城铭》中多有反映："然纯曜未渝，庆绵万祀，龙飞漠南，凤峙朔北。长辔远驭，则西罩昆山之外；密网遐张，则东纲沧海之表。爰始逮今，二千余载，虽三统迭制于崤函，五德革运于伊洛，秦雍成篡弑之墟，周豫为争夺之薮，而幽朔谧尔，主有常尊于上；海代晏然，物无异望于下。故能控弦之众百有余万，跃马长驱，鼓行秦赵，使中原疲于奔命，诸夏不得高枕，为日久矣。是以偏师暂拟，泾阳摧隆周之锋；赫斯一奋，平阳挫汉祖之锐。虽霸王继踪，犹朝日之升扶桑；英豪接踵，若夕月之登濛汜。自开辟已来，未始闻也。非夫卜世与乾坤比长，鸿基与山岳齐固，孰能本枝于千叶，重光于万祀，履寒霜而逾荣，蒙重氛而弥耀者哉？"① 除匈奴族建立过草原帝国之外，十六国时期，内迁的各支匈奴纷纷在北方建立政权，如刘汉、夏国、北凉等，如此一来，历史上的荣耀及眼前的辉煌足以使铁弗匈奴作为匈奴一支而感到自豪，"强胡"的心理进一步强化。

二是其生活环境的因素。南匈奴内迁之后，逐渐深入中原腹地，虽然铁弗匈奴先祖去卑也曾在中原内地一带活动过，但是在曹操的政策干涉下，曹魏嘉平三年（251），已经深入河东平阳一带活动的南匈奴去卑一支迁居到代北一带。这一支匈奴返回代北地区之后，基本上一直是与拓跋部鲜卑争夺代北地区的领导权，一直到义熙十四年（418）攻入当时后秦的都城长安，铁弗匈奴部众才得以再次进入中国腹地。铁弗匈奴的首领勃勃更是自幼生活在草原，北魏登国六年（391），拓跋鲜卑攻破铁弗匈奴

---

① 《晋书》卷130《赫连勃勃载记》，第3210～3211页。

世居之代来城，年仅十一二岁的勃勃逃至驻牧在三城一带的鲜卑薛干部，后又被送至镇守高平的没弈于处，这些部族在当时是以游牧业为主。攻入长安的勃勃于次年（419）拒绝了群臣定都长安的建议，重返统万城，夏真兴七年（425），勃勃病死。勃勃一生大多数时间生活在草原，因此，长期的北方草原生活使得勃勃的"思想观念与文化素养必然涂着十分浓厚的游牧部落习俗的色彩"①，从而对本民族有一种偏执的热爱和情有独钟。

三 滥杀隐含的自卑心理

军事力量的增强、统辖范围的扩大，使铁弗匈奴民族自信心及自豪感增强，与此同时，南进过程中的铁弗匈奴也更进一步接触、体会到汉文化的博大精深，因此又表现出一种不自信的卑怯心理。

随着游牧民族不断深入农耕地区，农耕文化的优势日益被南迁的游牧民族所感受。出于对农耕文化的向往及政治需要，内迁少数民族不约而同地采取各种措施在政治、经济、文化等诸多方面吸收汉文化。在这种趋势的带动下，铁弗匈奴于晋安帝义熙三年（407）六月建立政权之时，也攀附一个华夏族的先祖，自认为乃夏后氏之苗裔②，故勃勃称大夏天王、大单于，其政权名号"大夏"，改元"龙升"，并仿照中原汉族王朝的政制，设置百

---

① 李凭：《北魏平城时代》，社会科学文献出版社，2000，第36页。
② 《史记》及《汉书》皆云匈奴夏后氏苗裔淳维之后，勃勃，匈奴余种，故其所建政权名曰"夏"。

官①，以期得到广大汉族人民的支持。铁弗匈奴的这些做法取得了预期的效果，在其进攻后秦都城长安的过程中，得到了关中地区人民的支持，夏凤翔六年（418）春，赫连璝进军至渭阳之时，关中民众络绎不绝地归附于赫连璝，"关中民降之者属路"②。

但是，铁弗匈奴攻占长安之后，在如何处理与汉族士人的关系上出现失误。赫连勃勃征召隐士京兆人韦祖思③，祖思"既至而恭惧过礼"，勃勃于是怒曰："吾以国士征汝，奈何以非类处吾！汝昔不拜姚兴，何独拜我？我今未死，汝犹不以我为帝王，吾死之后，汝辈弄笔，当置吾何地！"遂杀之。④ 对于勃勃杀害韦祖思一事，学者们大多以勃勃性格的残暴来解释，但笔者认为这种解释稍嫌简单和程式化。

作为人类的适应方式，不同的经济与文化形式在各自的文化生态环境之内，自有其存在的合理性与特殊优势。游牧文化的生存环境，是"不食之地"的地理与"逐水草迁徙""宽则随畜，因射猎禽兽为生业"⑤ 的游牧生产方式。而汉文化则是与湿润、半湿润的大陆大河型生态环境相适应的文化系统。各文化系统一旦超出自身生态环境的界限，原来所具有的文化优越性便自然而然地丧失，他系统文化则显示出适应性极强的特殊优势。

魏晋时期，胡汉两种文化的关系正是如此情势。匈奴、鲜卑、羯、氐、羌等草原游牧民族不断南迁，打破了"与中国壤断土隔"的文化生态环境的疆域线，进入了与汉文化相适应的

---

① 《晋书》卷130《赫连勃勃载记》，第3202页。
② 《资治通鉴》卷118"晋安帝义熙十四年"，第3716页。
③ 李延寿的《北史》卷95"韦祖思"为"韦玄"。
④ 《晋书》卷130《赫连勃勃载记》，第3209页。
⑤ 司马迁：《史记》卷110《匈奴列传》，第2897页。

生态环境，于是胡文化自然而然地转化为一种低势能文化，其与文化环境的不相适应性日趋尖锐地暴露出来。与此反观对照，汉文化理所当然地成为高势能文化，并充分地展现出其优越性，文化学上的所谓"社会距离"由此产生。

对于"社会距离"，美国文化学家罗杰·皮尔逊曾做如下诠释："当两个不同的亚文化群，甚至两个不同社会的成员意识到他们之间的文化差异时，习惯上把这种现象称之为存在于他们之间的'社会距离'。这个距离并非空间测量法，而是指个人或集团之间的隔离感，它产生于文化的不相容性。"① 这样一种"社会距离"正是文化冲突的心理基础。

胡汉文化之间的"社会距离"，其实质是草原游牧民族与农业民族文化形态的冲突，这种冲突产生了胡汉文化质的不相容性。然而，这种不相容性并非不变动，文化冲突中的对立诸面不可避免地会在文化冲突中改变自身原有的文化心理结构，从对方吸收于己有用的文化质，从而在调整、适应的过程中趋于一体化。对于游牧文化来说，抛弃旧质，以适应新的农业文明的生态环境是其急务。因此，内迁游牧民族都不约而同地主动或被动地采取各种措施，如采取农业民族的典章制度、改汉姓、习汉语、服汉服等，在政治、经济、文化等诸多方面吸收农业文明，在这种趋势的影响和带动下，铁弗匈奴自然也不能免俗。

但是，无论内迁民族采取何种方式靠拢、接受、吸收汉族文化，对于进入中原地区的草原游牧民族来说，与本民族差别比较

---

① 罗杰·皮尔逊：《文化与社会》，《当代国外文化学研究》，中央民族学院出版社，1986，第 67 页。

大的汉文化形式毕竟是非常陌生、深奥而又炫目的，北朝乐府名句"我是虏家儿，不解汉儿歌"，正道出了胡人对汉文化的陌生感，因此，随着与汉族密切接触，深深体会和感受到汉文化的博大精深，意识到胡、汉文化之间存在巨大的"文化差"，使少数民族统治者对于君临汉族地区有一种卑怯心理。

在两晋十六国时期，作为少数民族的匈奴族已不再是先秦至西汉时期的一个统一的强大部族，从人数上看，入塞匈奴相对于汉族而言处于绝对劣势的位置，与其他少数民族相比也并不占优势，匈奴族社会逐步吸收其他民族文化尤其是汉族文化，虽然有所进步，但较之具有悠久历史和文明的汉族，在当时仍然存在较大差异，把入塞匈奴作为一个整体，情况是这样，从其各个分支来看，更是如此。作为"胡父鲜卑母"后裔的铁弗匈奴，是游牧特性比较显著的一支，进入农耕地区之后，其不足之处日益凸显，出现了由于"各族与汉族相比，社会经济、文化程度的发展都比较低，他们向经济、文化发展比较高的汉族转化，表现在民族心理上更多的是卑怯心理，而不是民族的自傲自大"[①]。

再加上中国传统文化中非常浓厚、根深蒂固的"非我族类，其心必异"的民族观念，游牧民族——匈奴族原有的"强胡"心理丧失存在的根基。由"强胡"至"卑怯"，这种心理上的巨大落差，往往使他们无所适从，因此在对待汉族人士的政策上难免会有许多失当之处，勃勃杀害韦祖思一事当从这方面分析和考虑。

---

① 黄烈：《中国古代民族史研究》，人民出版社，1987，第34页。

而且，对于勃勃这种心理，从现代心理学中也能找到理论依据。"一个民族当与本民族成员在一起时，所显露的是个体意识，而当与其他民族在一起时，更多显露的则是民族意识。当所从属的民族处于上升时期时，他在其他民族面前表现于外的是民族的自尊意识。当所属民族团体衰落时，所显露于外的则是民族自卑与民族压抑感，更多倾向于怀旧、复古，崇仰民族历史、民族英雄人物，以获得民族意识上的心理平衡。"① 而且，如果"一个民族长期受到文化上的攻击和迫害，因为他们的文化和民族特征而遭受污辱和歧视，就会使这一民族的成员产生一种文化上的自我拒绝的自卑心理，在这一阶段民族成员羞于他们自己本民族的特征与文化，民族同一性失调。在行为上会有意躲避与其他民族接触的情形，或者过分地追求使自己成为一个文化上被认同的人，……自卑的民族意识只在异质文化的冲突中体验和表现出来，弱小的、相对落后的少数民族体验较深，在单独一个少数民族内部则很少有自卑的体验"②。

从史书对勃勃杀害韦祖思一事的记载看，勃勃之所以杀害韦祖思，主要是因为韦祖思表现得过于"恭惧"，这种"恭惧"在勃勃看来是韦祖思把他作为"非类"对待，是一种非平等的状态；姚兴征召时，韦祖思"不拜姚兴"，却前来拜会勃勃，这又让勃勃认为韦祖思"不以我为帝王"，从此可以看出，勃勃所不愿意看到或者可以说比较惧怕的是被汉族视为"非类"，他希望的是汉族士人把他当作同类，而去平等地对待他，绝不是把他当

① 孙玉兰、徐良玉：《民族心理学》，知识出版社，1990，第31页。
② 张世富：《民族心理学》，山东教育出版社，1996，第46页。

作"非类"。对他毕恭毕敬和畏惧，同时还要让汉族士人把他当作真正的"帝王"，这一切都说明勃勃从心里认为汉族士人把他当作了"非类"，没有把他当作一个真正的"帝王"，这是一种面对汉族士人时所表现的极度敏感的自卑，正如胡三省所说："勃勃之杀祖思，虐矣。然祖思之恭惧过甚，勃勃以为薄己而杀之，则勃勃为有见，而祖思为无所守也"①。

总之，随着势力的南进，与农业民族联系加深，铁弗匈奴的民族心理表现出一种极为矛盾的状态。一方面，由于匈奴族曾有的辉煌历史以及铁弗匈奴建立政权以来军事征服的顺利进行，铁弗匈奴民族的自我意识及自豪感增强；另一方面，面对游牧与农耕两种文化巨大的落差，铁弗匈奴又不可避免地产生了一种面对华夏文化时的卑怯心理。

民族意识和民族自豪感本是无可厚非的，但是两汉曹魏以来，北方游牧民族大量内迁，从政治、经济、文化等各个方面，都不约而同地选择了汉化。在这种趋势下，勃勃却反其道而行之，可以说是一种不识时务。也正是这种刻意强调其民族特征的意识，决定了铁弗匈奴所建的夏政权在政治、经济以及如何处理与汉族士人关系上的失当，其灭亡就成为一种必然。

---

① 《资治通鉴》卷118 "晋安帝义熙十四年"，第3725页。

吐谷浑的 "中国" 认同

　　吐谷浑是我国古代西北民族之一。4 世纪初，从辽东慕容鲜卑部分离出来，西迁至今内蒙古阴山。西晋永嘉末年，从阴山南下，经陇山，到今甘肃临夏西北。不久，又向南、向西发展，统治了今甘南、四川西北和青海等地的氐、羌等族。至吐谷浑首领叶延时（329～351），始建立政权。① 此后始以吐谷浑之名作姓氏，同时亦作为国号和部族名。其强盛之时疆域东起今甘肃南部、四川西北，南抵今青海南部，西到今新疆若羌、且末，北隔祁连山与河西走廊相接。吐谷浑政权是典型的少数民族所建政权，其所统之民也以北方少数民族为主。虽然吐谷浑民族偏居一隅，而且面临着当时中原地区政权林立、无统一政权的局面，但是吐谷浑政权的数代国君深深向往中原地区，无论是从其政权首领名号的选择、使用上，还是从他们的日常言语中，以及与周边政权的关系上，都表现出强烈的 "中国" 认同。关于这一点学术界除彭丰文在其《两晋时期国家认同研究》一书中略有涉及之外，无人对此进行专门研究，故本书欲做一尝试。

---

① 周伟洲：《吐谷浑史》，广西师范大学出版社，2006，第 15 页。

一　言辞中的中国认同

在中国历史上，秦汉之前"中国"一词有五种含义：其一，谓京师之意；其二，谓国境之内之意；其三，谓诸夏之领域；其四，中等之国之意；其五，中央之国之意。① 此后又有华夏民族、华夏民族所建政权或定都于中原地区的政权等含义。本章中"中国"的含义主要是华夏民族所建政权即所谓的正统王朝及中原地区这一地域概念。

吐谷浑之子吐延（317～329 年在位），是吐谷浑民族历史上的第二位首领，同时也是吐谷浑历史上第一位明确表示认同"中国"的国君。因为身居僻壤，没有机会到中原建功立业，吐延曾对此深以为憾："大丈夫生不在中国，当高光之世，与韩、彭、吴、邓并驱中原，定天下雌雄，使名垂竹帛，而潜窜穷山，隔在殊俗，不闻礼教于上京，不得策名于天府，生与麋鹿同群，死作毡裘之鬼，虽偷观日月，独不愧于心乎！"② 从所引吐延之语可以看出，他所说的"中国"应该是一种地域概念，即中原地区之意。吐延的感叹，明确地反映了他对中原地区及其"礼教"的向往及强烈的认同感。

第五代国君视连（376～390 年在位）也有与吐延同样的思想感情，他临终之时曾对其子视罴说："我高祖吐谷浑公常言子孙必有兴者，永为中国之西藩，庆流百世。吾已不及，汝亦不

---

① 王尔敏：《中国名称溯源及其近代诠释》，《中国近代思想史论》，社会科学文献出版社，2003，第 371 页。
② 《晋书》卷 97《吐谷浑传》，第 2538 页。

见，当在汝之孙辈耳。"① 在这里，视连已经将吐谷浑与"中国"的关系定位为"中国之西藩"，并且预言这种关系到了视连的孙子在位时才能实现。关于此处西藩之含义，有学者认为"'西藩'之说，很明显地表示'中国'在这里已经不是一个地理概念而是国家概念，而吐谷浑则主动以'中国'的藩属政权自居。这表明到视连已经对'中国'具有了政治意义上的认同"②。笔者以为此处将"中国"仍然解释为中原内地也未尝不可，不过值得一提的是，无论此处"中国"一词是一个地理概念，还是一个国家概念，都说明吐谷浑在视连时期对"中国"有了明确的认同。

到第六代国君视罴（在位时间 390~400 年）之时，吐谷浑的认同应该更显明确和清晰。当时西秦国主乞伏乾归遣使拜视罴为使持节、都督龙涸已西诸军事、沙州牧、白兰王。但视罴不接受这些封号："自晋道不纲，奸雄竞逐，刘、石虐乱，秦、燕跋扈，河南王处形胜之地，宜当纠合义兵，以惩不顺，奈何私相假署，拟僭群凶！寡人承五祖之休烈，控弦之士二万，方欲扫氛秦陇，清彼沙凉，然后饮马泾渭，戮问鼎之竖，以一丸泥封东关，闭燕赵之路，迎天子于西京，以尽遐藩之节，终不能如季孟、子阳妄自尊大。为吾白河南王，何不立勋帝室，策名王府，建当年之功，流芳来叶邪！"③ 观以上视罴之言，他完全站在维护儒家所阐述的传统王道秩序的立场上，对西晋末年以后在北方建立政权者进行严厉谴责，将他们称为奸雄，把他们的行为称为"虐

---

① 《晋书》卷 97《吐谷浑传》，第 2540 页。

② 彭丰文：《两晋时期国家认同研究》，民族出版社，2009，第 129 页。

③ 《晋书》卷 97《吐谷浑传》，第 2541 页。

乱""跋扈""拟僭",不仅如此,他又宣称自己将要替天行道,对这些人"戮问鼎之竖",然后奉迎天子于西京,以尽"遐藩之节"。根据上下文判断,视罴所迎之天子显然是指东晋王朝的皇帝。这清楚地表明了他对华夏民族所建政权的认同。他以一个"塞表小国"的君主身份,欲效春秋霸王"尊王攘夷"的大业,敢于与中原地区其他民族所建立的政权列强争胜,以欲平定中原,统一中国,其心志之高,令人敬佩!

第八代首领树洛干(405 ~ 417 年在位),自称大都督、车骑大将军、大单于、吐谷浑王,号戊寅可汗。[①] 他在对"中国"的认同上与他的父亲毫无二致。他不仅决心提高本国的地位,还要争霸西戎,问鼎中原。他发表誓言说:"孤先祖避地于此,暨孤七世,思与群贤共康休绪。今士马桓桓,控弦数万,孤将振威梁益,称霸西戎,观兵三秦,远朝天子!"[②] 他要做的一件事是"振威梁益,称霸西戎,观兵三秦,远朝天子"。此处"远朝天子"之"天子"从其所提到的几个地点如梁、益、三秦等来看应指的是东晋王朝的帝王,由此可知其少年心志如其父一样高大、壮烈!部众对他的行为与决心也是非常支持并积极鼓励:"此盛德之事也,愿大王自勉!"[③]

阿柴(有史书记载为"豺")可汗(417 ~ 426 年在位)是吐谷浑的第九代首领,自号骠骑将军、沙州刺史[④]。有一次他登临西强山(位于今青海省东南部河南蒙古自治州境内),观览垫

---

① 《晋书》卷 97《吐谷浑传》,第 2541 页。
② 《晋书》卷 97《吐谷浑传》,第 2541 页。
③ 《晋书》卷 97《吐谷浑传》,第 2542 页。
④ 《魏书》卷 101《吐谷浑传》,第 2234 页。

江（今白龙江）源，得知此江东流汇入大海，由此引发一些感慨："水尚知归，吾虽塞表小国而都无所归乎！"① 阿柴由白龙江向东流入大海这一自然现象，而感慨其"塞表小国"的归属，但是他的归属所指是什么呢？由阿柴此次游历之后的行为可做一些推测。史书记载，当年游历西强山之后不久，阿柴即于宋少帝景平元年（423）二月，遣使至南朝刘宋，宋少帝"以阿豺为安西将军、沙州刺史、浇河公"②，"未及拜受，刘义隆元嘉三年又加除命，又遣使朝贡"③。从此可知，他想归属的应该是代表了正统王朝的刘宋。此一系列行为明显地表示他是把华夏民族所建之东晋、刘宋视为正宗，这种思想与其父、兄是一致的。在这种思想指导下，遣使通宋，远朝天子，表达了吐谷浑民族维护统一国家的立场。

正是由于吐谷浑的首领对"中国"的认同，故而赢得传统史家的赞誉。《晋书》评论吐谷浑可汗说："吐谷浑分绪伪燕，远辞正嫡，率东胡之余众，掩西羌之旧宇，纲疏政暇，地广兵全，廓万里之基，贻一匡之训，弗忘忠义，良可嘉焉！"评论吐延"始遵朝化"，"高节不群，亦殊藩之秀也"④。并且赞扬叶延至孝，辟奚深友，视连光奉先之义。《晋书》还将吐谷浑与同出一部的慕容廆比较，认为吐谷浑与慕容廆作为同胞兄弟，都改革本民族习俗而学习华夏文化，具有共同性，但他们的后代忠奸有别，吐谷浑子孙世代忠义，慕容廆子孙则僭越不安分。最终忠训者累代繁荣，

---

① 《北史》卷96，第318页；参见《魏书》卷101《吐谷浑传》，第2235页。
② 《宋书》卷4《少帝纪》，第64页。
③ 《魏书》卷101《吐谷浑传》，第2235页。
④ 《晋书》卷97《四夷传》，第2551页。

奸雄者数世而亡，真是应了积善余庆、积恶余殃的古训："且浑虁连枝，生自边极，各谋孙而翼子，咸革裔而希华。虁胤奸凶，假凤图而窃号，浑嗣忠谨，距龙涸而归诚。怀奸者数世而亡，资忠者累叶弥劭，积善余庆，斯言信矣！"又说："谷浑英奋，思矫颓运，克昌其绪，实资忠训。"① 从这些传统史家的评价可知，当时的吐谷浑历代国主对"中国"有明确而强烈的认同。

从上述几个首领的言语可以看出，吐谷浑政权建立后一直对"中国"有明确的认同，而且呈日趋清晰且强烈的趋势，他们始终站在传统儒家"大一统"的思想立场上，自觉维护中华民族的一统利益。在动荡分裂、"中国"无主的十六国时期，吐谷浑的可汗们始终以朝尊天子、一统中国为志向，为中华民族的形成发展及一统与融合贡献了自己的力量。

二　政治行为中的中国认同

不仅吐谷浑几位著名首领的言语可以反映吐谷浑民族的"中国"认同，而且从其首领名号的选择、使用及与周边政权的关系上，也能清楚地说明这一点。

史书对于吐谷浑建立政权之时，首领称号没有明确记载，但能从其他记载方面找到一些线索。《资治通鉴》称吐延为河南王②，但不知"河南王"是自称还是其他政权给吐延的封号，史书对于此时吐谷浑与其他政权的关系无载，此"河南王"应与

---

① 《晋书》97《四夷传》，第 2551 页。
② 《资治通鉴》卷 94"晋成帝咸和四年"，第 2973 页。

其他政权的封号无关,故可推测"河南王"为吐延自封。义熙初年(405),树洛干(405~417年在位)自称大都督、车骑大将军、大单于、吐谷浑王[1];树洛干死,弟阿柴(豺)立,自号骠骑将军、沙州刺史[2];慕瑰(426~436年在位)时又沿袭了树洛干的名号,称吐谷浑王[3]。

树洛干和其弟阿柴(阿豺)的名号称呼或为"王",或为"刺史",这种称号与十六国时期各个政权的首领称号情况比较相近,尤其是其中的"河南王""吐谷浑王"号。十六国时期各政权首领名号前后有所变化且变化比较频繁,但绝大多数政权基本上使用过"王"的称号,如汉、成汉、后赵、前燕、前凉、前秦、后燕、后秦、西秦、后凉、南凉、南燕、北凉、西燕,而且除了一直以"公"或"牧"为号的西凉之外,在政权首领名号层级顺序中"王"总是他们的第一选择,吐谷浑除使用过明确表示为地方政权性质的"刺史"名号之外,使用最多的也是"王"号,如吐谷浑王、河南王等。

在中国古代王朝中,商代和西周的首领皆称"王",但周王有时又称"天子"。春秋时期,"王"的尊严和中央政府的权威衰退,封建诸侯逐渐脱离中央掌握,各诸侯国纷纷称王,各行其是。进入战国时期,七雄相继称王,"王"这一称号开始失去独尊的地位,甚至一些势力比较强的大国君主已经不再满足于称王,他们开始将"帝"这一称号加到自己头上,如公元前288年秦昭王自称西帝,齐湣王称东帝。公元前221年秦国吞并六

① 《晋书》卷97《吐谷浑传》,第2541页。
② 《魏书》卷101《吐谷浑传》,第2234页。
③ 《资治通鉴》卷122"晋文帝元嘉八年",第3836页。

国，此时能与秦王对峙的统治者皆不复存在，秦王王号与其取得的功业已经不匹配，于是他开始改革称号，号曰"皇帝"①，从此，中国历史上便开始有了皇帝这一尊称，皇帝成为中国封建社会最高统治者独有的尊号。"王"的称号，虽然在汉代许慎著《说文解字》里仍解释为"天下所归往也"，但是自皇帝制度建立后，先秦时期的王已失去了原有的君主地位而沦为皇帝统治下的臣属，它通常系指皇帝分封给同姓诸王或异姓诸臣的最高爵号，已非商周以来称王的原有意义了，这个王，只不过是皇帝分封的一方之主罢了。

那么为什么十六国时期，政权建立之时没有循例使用最高统治者的尊号"皇帝"，反而使用自有皇帝称号以后就已经沦落为皇帝分封的一方之主的称号呢？

十六国时期，各个政权首领名号大多称"王"的具体情况各有不同，但还是有一些共通之处，他们之所以选择"王"作为政权首领名号，应与当时的政治情势有关。具体而言，建立政权的刘渊之所以称"汉王"，其中一个原因就是，西晋王朝末期虽然有"八王之乱"，给人民带来许多灾难，人们怨声载道，但它仍是人们心目中的正统王朝，还有一定的号召力。但是，十六国政权中，除了刘氏的汉王朝是在西晋灭亡之前建立的，其他大多建立于建兴四年（316）西晋灭亡之后。为什么统一王朝灭亡之后，这些政权还是称"王"而不称帝呢？利鹿孤与张祚的情况可能能说明问题。隆安五年（401）正月，南凉武威王利鹿孤想称帝，其安国将军鍮勿仑劝说他："吾国自上世以来，被发左

---

① 《史记》卷6《秦始皇本纪》，第236页。

衽，无冠带之饰，逐水草迁徙，无城郭室庐，故能雄视沙漠，抗衡中夏。今举大号，诚顺民心。然建都立邑，难以避患，储蓄仓库，启敌人心；不如处晋民于城郭，劝课农桑以供资储，帅国人以习战射，邻国弱则乘之，强则避之，此久长之良策也。且虚名无实，徒足为世之质的，将安用之！"① 因此，利鹿孤放弃称帝，改称河西王。前凉张祚称凉王之后欲称帝，郎中丁琪给他分析了其中的利害关系："我自武公（张轨）以来，世守臣节，抱忠履谦五十余年，故能以一州之众，抗举世之虏……彼士民所以用命，四远所以归向者，以吾能奉晋室故也。今而自尊，则中外离心，安能以一隅之地拒天下之强敌乎！"② 最终张祚保留了"凉王"的称号。鏀勿仑与丁琪的劝说理由应该代表了各个政权建立时对其所处具体情况的准确研判，也是他们称"王"而不称皇帝的原因，即当时整个北方地区政权林立，经济发展不平衡，实力大小也不一，除了前秦统一过北方地区之外，其他政权基本上都是偏居一隅，不具有能号令全国或北方地区的实力，故而在选择政权首领的称号时比较慎重，不敢高调以天下独尊的"皇帝"为号，而选择以吐谷浑王或河南王以及凉王、燕王、秦王等区域性政权特征比较明显的"王"为名号，以示自己只是类似于春秋霸主的身份，以免成为众矢之的。

除了出于上述所说政权对形势的研判原因之外，另外一个比较重要的原因就是中国传统夷夏观的影响。虽然中国传统夷夏观有开放性的一面，如不以血统、地域而是以文化论夷夏，夷夏可

---

① 《资治通鉴》卷112"晋安帝隆安五年"，第3517页；《晋书》卷126《秃发利鹿孤载记》，第3145页。
② 《资治通鉴》卷99"穆帝永和十年"，第3137页。

以转化等，但是每当民族矛盾与民族冲突比较激烈的时候，夷夏观的封闭和保守的一面往往占上风，"非我族类，其心必异"的论调总是甚嚣尘上，严"夷夏之辨"，在汉族大多数士人的心目中是处理民族关系的重要准则，左右着他们的言行。因此，在儒家传统思想中的"内诸夏而外夷狄""非我族类，其心必异"观念的歧视与防范下，内迁民族统治者对于君临长城以南地区仍忐忑不安，普遍表现出非常明显的卑怯心理。

故而在对当时形势综合判断的基础上，以及在传统儒家文化中内诸夏外夷狄思想的歧视与防范下，十六国政权首领在建立政权初期，选择首领名号时没有一个敢直接称帝，而是不得不选择早在春秋战国时期就已经沦为一方之主的"王"号，而吐谷浑也不例外。尽管由于种种原因，十六国时期所建政权在首领名号的选择、使用上与吐谷浑有许多相似之处，但是由于吐谷浑偏居一隅，完全可以不受这些因素的影响，而采用已经成为最高首领称号的"皇帝"，但是吐谷浑民族的各个首领并没有这样选择，而仍旧是选择了代表一方之主的"王"号，这也反映了吐谷浑对于一统的期待。

不仅如此，吐谷浑与周边政权的关系也能体现对"中国"的认同。吐谷浑政权建立后，为了在政权林立的局面下保全自己，时常周旋于北方政权与南方东晋或刘宋政权之间，但是对于这两个政权，吐谷浑的态度还是有所差别的。

吐谷浑与北魏的关系最早发生在慕璝擒赫连定之时："吐谷浑王慕璝遣侍郎谢太宁奉表于魏，请送赫连定。己丑，魏以慕璝为大将军、西秦王。"[1] 北魏太延二年（436），吐谷浑慕利延立，

---

[1] 《资治通鉴》卷122"晋文帝元嘉八年"，第3833页。

次年北魏封其为西平王①。与北魏建立关系的第二年，即宋元嘉九年（432），吐谷浑遣司马赵叙向刘宋朝献，并告捷（即擒获赫连定之捷），刘宋加封慕璝为"使持节，散骑常侍，都督西秦、河、沙三州诸军事，征西大将军，西秦、河二州刺史，领护羌校尉，进爵陇西王"②，阿柴（豺）死后，其子慕璝又奉表通使刘义隆，义隆授陇西公，后封为陇西王③。第十一代国君慕利延死后，树洛干之子拾寅立，接受刘义隆封爵，号河南王，"（北魏）世祖遣使拜为镇西大将军、沙州刺史、西平王"。但拾寅"自恃险远，颇不恭命"，反而"通使于刘彧，献善马、四角羊，彧加之官号"④。此后与刘宋的关系也一直延续。吐谷浑这种同时向南北两大政权遣使称臣、接受封号的行动，是地处西北、较为弱小的政权一贯采取的政策，这种政策是他们处于两大政权之间，为了自身的生存和从两大政权那里获得更多的利益而采取的⑤。不过从拾寅对刘宋与北魏封号的态度上可知，他对代表着"中国"的刘宋政权的认同。

虽然吐谷浑有时同时通使刘宋与北魏或同时接受南北两大政权的封号，但是吐谷浑与刘宋及北魏的关系，还是略有不同。吐谷浑和北魏建立关系以来，通使次数较多，据现有资料统计，吐谷浑向北魏遣使共达六十一次，远远超过西域或邻近北魏的政权向北魏遣使的次数⑥。但有时也会和北魏发生一些战争冲突等不

① 《魏书》卷101《吐谷浑传》，第2237页。
② 《宋书》卷96《鲜卑吐谷浑传》，第2372页。
③ 《魏书》卷101《吐谷浑传》，第2235、2237页。
④ 《魏书》卷101《吐谷浑传》，第2237页。
⑤ 周伟洲：《吐谷浑史》，广西师范大学出版社，2006，第56页。
⑥ 周伟洲：《吐谷浑史》，第43页。

愉快，如宋元嘉二十九年（452），"拾寅东破索虏（南方史书对拓跋鲜卑的称呼），加开府仪同三司"[①]，但是这种冲突与不愉快，从来没有在与南方政权（东晋或刘宋政权）交往过程中发生，这种对交往的两个政权的不同态度也说明了吐谷浑对南方刘宋政权的认同可能更真实。而刘宋政权在当时的情况下，在大多数人的心目中就代表着"中国"。因此吐谷浑对刘宋政权的认同可以说是对"中国"的认同。

综上所述，在十六国时期，虽然中原内地政权林立，没有一个统一的政权，但偏居一隅的吐谷浑在中原无主时仍旧非常明确地认同"中国"这一地理概念，甚或代表着当时正统王朝的东晋或刘宋。这一点，无论是在其首领的言语中，还是政权名号的使用选择上及与周边政权的关系上都有所体现。这些都表明吐谷浑民族在十六国时期有强烈的"中国"及一统认同，是中国历史上向心力比较强的民族，为中华民族的最终形成与发展贡献了自己的力量。

---

① 《宋书》卷 96《鲜卑吐谷浑传》，第 2373 页。

前秦苻氏的民族认同与史书编纂

一　苻氏的民族认同

十六国政权中的前秦是氐族建立的政权。氐人"其自相号盉稚"①，氐则是华夏民族或其他民族对其之称号，即氐是一种他称。但是，魏晋以来"氐"也逐渐成为一种自称，仇池氐族杨难敌曾说："使君初来，大荒之后，兵民之命，仰我氐活，氐有小罪，不能贳也。"②

关于氐族的起源，主要有两种意见。一种看法为氐、羌同源而异流，"金行气刚，播生西羌。氐豪分种，遂用殷疆"③，"氐，黎都切，音低，羌也"④，当代学者则进而指出，氐族是汉化了的羌人。氐族最终形成单一民族，是由于有些羌人部落从高原迁徙至河谷，由游牧转向农耕，并在与周围汉族日益频繁的接触

---

① 《三国志》卷30《魏书·乌丸鲜卑东夷传》裴松之注引鱼豢《魏略·西戎传》，第858页。
② 常璩撰，刘琳校注《华阳国志校注》卷8《大同志》，巴蜀书社，1984，第653页。
③ 《后汉书》卷87《西羌传》，第2902页。
④ 丁度：《集韵》。

中，受汉族先进经济与文化的影响，其语言、经济、文化发生变化①。另一种看法是氐、羌虽自古关系密切，然而从来都是两个不同民族。氐有自己的语言、风俗习惯、心理状态，与羌不同，故自古氐、羌就是两个独立的民族②。

前秦建立者苻氏的祖先，初居于武都（今甘肃陇南市武都区），时人以其家池中生五丈长的蒲草，称之为"蒲家"，因以为姓。③ 曹魏时，由武都迁于略阳郡临渭县（今甘肃省秦安县东南），世为部落小帅。晋永嘉四年（310），蒲洪被宗人拥推为盟主，自称"护氐校尉，秦州刺史，略阳公"④。大兴二年（319），刘曜在长安称帝，以苻洪为宁西将军⑤、率义侯⑥，苻氏曾徙居于高陆（今陕西省西安市高陵区西南），晋氐王。东晋咸和八年（333），降后赵石虎，拜冠军将军、泾阳伯。永和六年（350）春，苻洪遣使至江东，东晋以洪为征北将军、都督河北诸军事、冀州刺史、广川郡公，"时有说洪称尊号者，洪亦以谶文有'草付应王'，又其孙坚背有'草付'字，遂改姓苻氏"⑦，后自称大将军、大单于、三秦王，改姓苻氏，永和七年（351）苻健即天王、大单于位，国号大秦，改元皇始，史称"前秦"。

在中国传统思想文化中，很早就认识到各个民族之间的不

---

① 李绍明：《关于羌族古代史的几个问题》，《历史研究》1963年第5期。
② 参见马长寿《氐与羌》，上海人民出版社，1984，第9～22页；黄烈《中国古代民族史研究》，人民出版社，1987，第123～126页。
③ 《晋书》卷112《苻洪载记》，第2867页。
④ 《资治通鉴》卷87"晋怀帝永嘉四年"，第2751页。
⑤ 《魏书》卷95《苻健传》，第2073页。
⑥ 《资治通鉴》卷91"晋元帝太兴二年"，第2874页。
⑦ 《晋书》卷112《苻洪载记》，第2868页。

同，并在此基础上将民族进行分类，不仅将所认识到的周边各民族按照方位分为南蛮、北狄、西戎、东夷，同时又将这些民族与华夏民族区分为"夷"与"夏"两大类，并确立了夷夏对立、夷卑夏尊的政治原则，这就使得中国古代的众多边疆民族都被归入"戎狄""胡人"即所谓的"夷"的概念范畴中。按照中国这种传统的"夷夏之辨"观点，相对于华夏民族来说，氏人是处于边疆的"夷狄""胡人"。因此，在历史久远的"夷夏之辨"观念的影响之下，华夏民族的民族观念，通过儒学的传播映射到氏人自身，因此，氏人是"夷狄""胡人"这样的观念，在很长一段时间内是氏人的主体民族意识。

苻坚 8 岁时，"请师就家学"，其祖父苻洪曾对苻坚说："汝夷狄异类，世知饮酒，今乃求学邪！"① 由此可知，氏族早在苻洪之时就清楚地知道自己是属于非华夏民族的"夷狄"的，在其民族认同上，是认同"夷狄"的。这种民族身份的认同，即使到了前秦快要溃灭的时候仍旧存在。苻坚想发动伐晋战争，苻融劝阻，其主要理由是他认为前秦"国家，戎族也"，相对于地处江南的东晋王朝来说，在人心向背上是不占优势的："坚既有意荆扬，时慕容垂、姚苌等常说坚以平吴封禅之事，坚谓江东可平，寝不暇旦。融每谏曰：'知足不辱，知止不殆，穷兵极武，未有不亡。且国家，戎族也，正朔会不归人。江东虽不绝如缕，然天之所相，终不可灭。'"② 在建立前秦政权三十多年之后，苻氏一族中还有人将自己的民族归属认定为戎族。不仅苻融如此，

---

① 《晋书》卷 113《苻坚载记》，第 2884 页。
② 《晋书》卷 114《苻坚载记》，第 2935 页。

符坚也曾明确地将自己的族属定位为"胡"。淝水之战前秦战败后，符坚被羌人首领姚苌所俘，姚苌以"苌次膺符历，可以为惠"为由向符坚讨要传国玉玺，但是符坚坚决拒绝，其理由是"五胡次序，无汝羌名"①，无论"五胡次序"是什么含义，但与胡人有关是毫无疑问的，从中可知，在符坚的心中氐人是属于五胡次序范围之内的，是有资格承受天命的。因此，符坚在民族身份的认同上也认可自己的胡人身份，亦可见"夷狄"或"胡人"的身份认同在前秦统治集团核心成员中是普遍存在的。

而且在祭祀祖先的明堂里，符坚祭拜的也是自己的真实先祖："坚起明堂，缮南北郊，郊祀其祖洪以配天，宗祀其伯健于明堂以配上帝。"② 这与刘元海祭祀的祖先有明显的不同，刘元海建立汉政权时，祭祀的是其攀附的先祖，即刘氏先祖："追尊刘禅为孝怀皇帝，汉高祖以下三祖五宗之神主祭之。"③ 当然这也许与符坚等氐族对先祖的攀附略远，而详细的谱系还没有完全建立起来有关。

虽然在前秦即将溃灭的时候，氐族在民族属性上仍将自身归于"戎族"，但是到符坚统治后期，前秦统治集团核心人员的民族意识还是发生了一些悄然的转换。一方面符坚等氐族豪贵都有过自称为"胡人"或"夷狄"的事例，另一方面，他们又常常理直气壮地指斥周边其他民族为"胡人"或"夷狄"，似乎自己已经不是"胡人"或"夷狄"了。将自己归为"戎族"的符融向符坚上书说："臣闻东胡在燕，历数弥久，逮于石乱，遂据华

---

① 《晋书》卷114《符坚载记》，第2928页。
② 《晋书》卷113《符坚载记》，第2886页。
③ 《晋书》卷101《刘元海载记》，第2650页。

夏，跨有六州，南面称帝。"苻坚回答说："黎元应抚，夷狄应和，方将混六合以一家，同有形于赤子。"① 可见，在民族归属上，苻坚将慕容鲜卑归于"夷狄"，而他自己所代表的前秦则显然被置于夷夏关系的另一端，自认是代表华夏，因而摆出一副"夷狄应和"的高姿态。

对非华夏民族不仅有"胡"和"夷狄"之称，同时也有"虏""戎"之称。如苻坚称匈奴刘卫辰部为"戎"，"时匈奴左贤王卫辰遣使降于坚，遂请田内地，坚许之"，并说："朕方修魏绛和戎之术，不可以小利忘大情。"② 在此，苻坚明显地将匈奴左贤王刘卫辰置于"戎"族之地。而且史书明确记载"秦人呼鲜卑为白虏"③，也有具体事实证实。苻晖屡为冲所败，坚让之曰："汝，吾之子也，拥大众，屡为白虏小儿所摧，何用生为。"④ 苻坚命吕光征西域时，曾称西域各族为"戎"，吕光发长安，坚送于建章宫，并对吕光说："西戎荒俗，非礼义之邦。羁縻之道，服而赦之，示以中国之威，导以王化之法，勿极武穷兵，过深残掠。"⑤ 这些事例说明，在苻氏的心目中，周围的民族都是"胡"、"戎"、"虏"或"夷狄"。这说明氐族对自身民族属性的认识是有变化的，已经开始自外于其他的非华夏民族，当然，这并不能说明氐族自身的民族认同在苻坚统治后期发生了彻底的改变。

总之，在苻坚统治后期，前秦统治集团核心人员虽然仍保留

---

① 《晋书》卷 113 《苻坚载记》，第 2896 页。
② 《晋书》卷 113 《苻坚载记》，第 2886 页。
③ 《晋书》卷 114 《苻坚载记》，第 2928 页。
④ 《晋书》卷 114 《苻坚载记》，第 2926 页。
⑤ 《晋书》卷 114 《苻坚载记》，第 2914 页。

着本民族为"胡人"或"夷狄"的历史记忆，但同时也开始大大方方地以华夏自居，而把"夷狄""胡"这样的名称送给了周边其他民族和政权。氐族既自外于华夏民族而自认同为"戎"或"胡"，同时又自外于其他非华夏民族，并以"戎""胡"称之，这种混乱和矛盾反映了苻氏在民族认同上的纠结。这种状况的出现也许与氐人对"胡""夷"的认识有关。鲜卑、羌等是华夏民族对非华夏民族的认识，非华夏民族之间如何认识彼此，史书中描述得并不十分清楚，但是在华夏民族的文本书写模式之下，也只能以华夏民族思维模式中的"华""夷"去认识与己不同的其他非华夏民族了。在氐人的观念里，此时的"胡""夷"等称谓在不同的语境中有了不同的含义，与华夏民族观念中的"胡"之含义有所不同。在氐人的观念中，"胡""戎狄"之类的称谓大致有两种含义：一种是对民族属性的客观叙述，不具有贬损意义，如前文所引苻洪对苻坚的称谓，以及苻坚所说的"五胡次序"中的"胡"应该属于这一类，否则对"胡"无法做出合理的解释；一种是与华夏民族相对、带有贬损含义的称谓，如称呼其他非华夏民族的情况。

虽然，在前秦政权统治阶层中，在民族身份的认同上普遍存在与"胡""夷"联系在一起的状况，但是，前秦统治者氐人又同其内迁民族一样，在祖源追溯上，似乎又力图模糊、淡化自己的胡人身份。为此，苻氏君臣创造了苻氏先人为"有扈氏之苗裔"[①]的传说："苻洪，字广世，略阳临渭氐人。其先有扈氏之

---

① 《晋书》卷112《苻洪载记》，第2867页。

苗裔。"① 有扈氏,《史记》记载:"禹为姒姓,其后分封,用国为姓,故有夏后氏、有扈氏、有男我、斟寻氏、彤城氏、褒氏、费氏、缯氏、辛氏、冥氏、斟戈氏。"② 苻氏君臣制造这个传说,是为了论证苻氏的先人是华夏之苗裔,从祖源、族源上淡化了苻氏家族的氐人身份,在舆论宣传上将苻氏家族族源向华夏先祖族系靠拢,以使在苻氏家族先祖与华夏民族先祖之间建立血缘、族源联系,从而巧妙地模糊了苻氏家族的"胡人"色彩,实现前秦政权统治集团整体民族意识由"夷狄"向华夏的转换。也许正是在这种思路的引导之下,这种祖源追溯的书写方式才成为十六国时期史书编纂的一种普遍现象。

二 前秦的史书编纂

十六国时期,非华夏民族趁中原地区动荡不安之机纷纷建立政权,虽然如此,但是在传统的"夷夏之辨"思想影响下,建立政权的非华夏民族的政治权威和话语霸权并没有完全建立起来。中原地区很早以来即是华夏民族活动的主要地区,历史上尽管朝代递嬗、沧桑迭变,但从未在这一地区建立过异族政权。故当十六国胡族政权相继入主中原时,视中原汉族世袭旧王朝为正统、胡族部落政权为僭伪的政治观念,也就在华夏民族中自然生发而成。这一正统观念不仅已深入南北华夏民族人心,同时也深刻地影响着十六国胡族政权的绝大部分统治者。困扰中国多年之

① 李昉:《太平御览》卷121《偏霸部》引崔鸿《十六国春秋》,第585页。
② 《史记》卷2《夏本纪》,第89页。

久的传统政治文化的一个核心观念正统性问题，同样也困扰着十六国时期建立政权的诸多非华夏民族。

氐族建立政权之后也同时面临着其政权合法性的解释问题，因为从血统上说，与西晋一脉相承的东晋具有无可置疑的政治合法性来源，同时代的十六国政权也普遍认同东晋的华夏宗主身份。东晋虽然衰弱不堪，但毕竟是汉民族正统王朝，上合天命，下附人心，非轻易可灭。当时在前秦政权中，许多人持有这种观点。淝水之战前苻坚欲亲统百万大军，征讨东晋，其太子左卫率石越对曰："吴人恃险偏隅，不宾王命，陛下亲御六师，问罪衡越，诚合人神四海之望。但今岁镇星守斗牛，福德在吴，悬象无差，弗可犯也。且晋中宗，藩王耳，夷夏之情，咸共推之，遗爱犹在于人。昌明，其孙也，国有长江之险，朝无昏贰之衅，臣愚以为利用修德，未宜动师。"[1] 太子的劝告虽较苻坚之弟融的劝解委婉，但他也清醒地看到了东晋汉民族政权的正统地位和夷夏之辨的潜在影响，故而力阻苻坚铤而走险、用兵东晋。而且在前秦政权中一直积极协助苻坚的大臣汉人王猛也坚持着这种理念。王猛病重之时，苻坚亲临省病，并询问以后之事，王猛曰："晋虽僻陋吴越，乃正朔相承。亲仁善邻，国之宝也。臣没之后，愿不以晋为图。鲜卑、羌虏，我之仇也，终为人患，宜渐除之，以便社稷。"[2] 在王猛的心目中，地处江南地区的东晋王朝才是正统之所在。其实在苻坚的心里，东晋王朝也是正统之所在，当姚苌向苻坚讨玉玺时，苻坚拒绝，同时告知姚苌"玺已送晋，不

---

① 《晋书》卷114《苻坚载记》，第2912页。
② 《晋书》卷114《苻坚载记》，第2933页。

可得也"①，言下之意，东晋王朝是有资格得到玉玺的。

因此，面对这种正统性的尴尬，十六国时期的非华夏民族使出了浑身解数。首先在选择政权体制时，基本无一例外地选择了传统华夏民族的政权或国家体制形式，这种体制形式是"建立和完善一个华夏帝国式政治体的过程，可以称为政治体的华夏化"②。其次，一个在传统"夷夏之辨"思想中与华夏相对的非华夏民族要实现对各民族，尤其是对占绝大多数的华夏民族实行统治，必须在思想文化领域给本朝政权寻找更为有力的合法性依据，因此强有力的宣传尤为必要，这是与其武功相辅而行的一种文治手段。"在文化领域，政治体首先关注的是对其统治合法性的论证。袭用汉晋帝国模式的政治体，面对着一套写满华夷秩序符号的政治文化传统，他们要论证自身的统治合法性，最终不得不牵涉到华夏或非华夏的身份认同问题。"③

在中国古代，史学一直肩负着这种政治使命，一方面，统治者以史学为经世致用之学，把历朝的兴衰成败作为经验教训，从以往的历史事件中借鉴为政的得失，汲取治国驭民的方略、争霸称雄的权谋。另一方面，史学又是表述先民的历史、宣传帝王伟业的工具。基于此，史学在中国古代一直受到统治者的重视，并得到提倡，"而在华夏的政治文化传统中，修史关系到本政权的历史形象和现实合法性，是一个帝国必须进行的事业之一"。

在中国历史上，很早就有相关周边民族的记载，而有关民族

---

① 《晋书》卷 114《苻坚载记》，第 2928 页。
② 胡鸿：《十六国的华夏化："史相"与"史实"之间》，《中国史研究》2015 年第 1 期。
③ 胡鸿：《十六国的华夏化："史相"与"史实"之间》，《中国史研究》2015 年第 1 期。

史的撰述,《史记》在体例上和内容上有开创性的贡献,对后世史书的书写模式与书写内容有非常深远的影响。《史记》写于汉代建国的百年之后,汉帝国正处于一个蓬勃发展、大有作为的时期,国内实现了空前的统一,与周边民族之间的交往也日益频繁。就是在这样的时代背景下,在大一统思想支配下,《史记》对各民族史事的记载为我们展开了一幅内容生动、丰富的画卷。《史记》不仅记载了以汉族为中心的历史,而且在列传中还写了《匈奴列传》《南越列传》《东越列传》《朝鲜列传》《西南夷列传》《大宛列传》,这与先秦记载只局限于一个民族或几个民族的有关事迹,是大不相同的。《史记》设置各民族史传的时候,已经注意到把周边各民族纳入"中国"通史这一大范围的概念之中。不仅如此,司马迁还把当时中国境内的许多民族与黄帝子孙联系在一起:"匈奴,其先祖夏后氏之苗裔也,曰淳维。"[1] 勾吴与中国之虞为兄弟:"余读《春秋》古文,乃知中国之虞与荆蛮勾吴兄弟也。"[2] 楚之先祖出自帝颛顼:"楚之先祖出自帝颛顼高阳。高阳者,黄帝子孙,昌意之子也。"[3] 越王勾践为禹之苗裔:"越王勾践,其先禹之苗裔,而夏后帝少康之庶子也。"[4] 东越王为勾践之后:"闽越王无诸及越东海王摇者,其先皆越王勾践之后也,姓驺氏。"[5] 间接地将东越与华夏民族联系在一起。如此一来,当时在华夏民族认知范围内中原地区周边的非华夏民族在《史记》中都直接或间接地与华夏民族的始祖黄帝或其子

---

[1] 《史记》卷 110《匈奴列传》,第 2897 页。
[2] 《史记》卷 31《吴太伯世家》,第 1475 页。
[3] 《史记》卷 40《楚世家》,第 1689 页。
[4] 《史记》卷 41《越王勾践世家》,第 1739 页。
[5] 《史记》卷 114《东越列传》,第 2979 页。

孙联系在一起，虽然这是为了适应当时政治形势所做的一种民族一统的宣传，但是这种认知方式被后世的史家所继承、沿袭。因此，《汉书》对某些周边非华夏民族的祖源记载与《史记》大同小异，"匈奴，其先祖夏后氏之苗裔，曰淳维"①。

《史记》《汉书》《后汉书》对周边民族的书写方式，"完成了对两汉已知的所有异族的分类，并为其中的绝大部分建构了族源和谱系。此后的纪传体王朝史在撰写夷狄传之时，大多只需将其渊源上溯至两《汉书》记载的某族，即完成了与上古以来诸异族谱系的对接"②。"《史记》和两《汉书》奠定的叙述模式，加上此后诸正史对这一叙述模式的继承，不仅在华夏知识世界建立起源远流长，纵横交错的夷狄谱系树，也让非华夏诸族群本身接受了这种分类和谱系，提供了族群凝聚可以借用的认同方向。"③ 在这种状况下，华夏民族的史书编纂传统深深影响了内迁的各个民族。因此，每个内迁民族建立政权之后，都高度重视史书编纂工作。

前秦统治者是与华夏民族同居共处已久的非华夏民族，在与华夏民族相处过程中，他们早已接受了汉文化的熏陶，在心理上、习惯上易于承袭汉族的统治方式，为了巩固统治，效法汉、魏，极需要利用史学为他们制造理论根据，表彰先族；灵活借鉴汉文化的种种思想观念并为之所用，堪称当时少数民族政治家安身立命的当务之急。而且随着非华夏民族汉文化水平的提高，一

---

① 《汉书》卷94《匈奴列传》，第3743页。
② 胡鸿：《中古前期有关异族的知识建构——正史异族传的基础性研究》，《中国中古史研究》第4卷，中华书局，2014，第42页。
③ 胡鸿：《中古前期有关异族的知识建构——正史异族传的基础性研究》，《中国中古史研究》第4卷，中华书局，2014，第42页。

些人习诵经史，潜心向学，也出现了一些本民族的史学家，与汉族史家一样秉笔著史。前秦梁熙，氐人，与兄梁悦并有文名，时有"关中堂堂，二申两房；未若二梁，环文琦章"之誉，梁熙曾任史职，参与撰修前秦国史。此外，有关前秦修史的情况，史书也有简单的记载："前秦史官，初有赵渊、车敬、梁熙、韦谭相继著述。苻坚尝取而观之，见苟太后幸李威事，怒而焚灭其本。后著作郎董谊追录旧语，十不一存。及宋武帝入关，曾访秦国事，又命梁州刺史吉翰问诸仇池，并无所获。先是，秦秘书郎赵整参撰国史，值秦灭，隐于商洛山，著书不辍，有冯翊车频助其经费。整卒，翰乃启频纂成其书，以元嘉九年起，至二十八年方罢，定为三卷。而年月失次，首尾不伦。河东裴景仁又正其讹僻，删为《秦纪》十一篇。"①

前秦所著史书，恰好又是崔鸿撰写《十六国春秋》前秦史的主要来源："鸿，字彦鸾……弱冠便有著述之志，见晋魏前史皆成一家，无所措意。以刘渊、石勒、慕容俊、苻健、慕容垂、姚苌、慕容德、赫连屈子、张轨、李雄、吕光、乞伏国仁、秃发乌孤、李暠、沮渠蒙逊、冯跋等，并因世故，跨僭一方，各有国书，未有统一，鸿乃撰为《十六国春秋》，勒成百卷，因其旧记，时有增损褒贬焉。"② 《十六国春秋》又成为《晋书》"载记"最主要的资料来源，但是在修史的过程中，华夏民族史书的书写方式仍是最重要的参考与模仿对象。

十六国时期各个政权主持撰写的史书，大多将其先祖与华夏

---

① 刘知幾著，浦起龙通释《史通通释》卷12《古今正史》，上海古籍出版社，2015，第333~334页。
② 《魏书》卷67《崔光传附鸿传》，第1502页。

民族联系在一起。北魏鲜卑拓跋氏，"昔黄帝有子二十五人，或内列诸华，或外分荒服，昌意少子，受封北土，国有大鲜卑山，因以为号……黄帝以土德王，北俗谓土为托，谓后为跋，故以为氏"①。铁弗匈奴赫连勃勃则标榜自己为"大禹之后，世居幽朔""自以匈奴夏后氏之苗裔也"；②"我皇祖大禹以至圣之姿，当经纶之会，凿龙门而辟伊阙，疏三江而决九河"③；鲜卑慕容氏"其先有熊氏之苗裔，世居北夷，邑于紫蒙之野，号曰东胡"④。

不仅如此，这些史书会有意识地掩饰非华夏民族野蛮落后的一面，对统治者涂抹称颂。在史书写作中，史家运用语言文字时，"讳彼夷音，变成华语"⑤，"妄益文采，虚加风扬，援引《诗》、《书》、宪章《史》、《汉》，遂使沮渠、乞伏儒雅比于元封，拓跋、宇文德音同于正始。华而失实，过莫大焉"⑥。在这种情况下，虽然十六国时期各个政权史书叙述的对象是非华夏民族，但是采取的是华夏民族的史书编纂模式与话语体系，因此在这种叙述体系下，非华夏民族在某些方面开始华夏化，祖源的追溯也许即是其中的一个具体体现。

前秦苻坚时，"（苻）坚母少寡，将军李威有辟阳之宠，史官载之。至是，坚收起居注及著作所录而观之，见其事，惭怒。乃焚其书而大检史官，将加其罪。著作郎赵泉、车敬等已死，乃

---

① 《魏书》卷1《序纪》，第1页。
② 《晋书》卷130《赫连勃勃载记》，第3205、3202页。
③ 《晋书》卷130《赫连勃勃载记》，第3210页。
④ 《晋书》卷108《慕容廆载记》，第2803页。
⑤ 《史通》卷6《言语》，第139页。
⑥ 《史通》卷6《言语》，第139页。

止"①。前秦统治者也有了史书应该为尊者讳的观念。

前秦政权建立之后，随着政治实力的增强，氐族的代表人物苻坚对本民族的政治定位也发生了一些变化，开始有了一统天下的观念。苻坚为了统一天下，在晋太元七年（382），召集群臣商议南征之事，曰："吾统承大业垂二十载，芟夷通秽，四方略定，惟东南一隅未宾王化。吾每思天下不一，未尝不临食辍铺，今欲起天下兵以讨之。"② 当一些大臣认为攻打晋朝时机不成熟时，苻坚又以"非为地不广、人不足也，但思混一六合，以济苍生"③ 为由加以驳斥。后来苻坚南游霸上时，对群臣曰："轩辕，大圣也，其仁若天，其智若神，犹随不顺者从而征之，居无常所，以兵为卫，故能日月所照，风雨所至，莫不率从。今天下垂平，惟东南未殄。朕忝荷大业，巨责攸归。岂敢优游卒岁，不建大同之业！每思桓温之寇也，江东不可不灭。今有劲卒百万，文武如林，鼓行而摧遗晋，若商风之陨秋箨。朝廷内外，皆言不可，吾实未解所由。晋武若信朝士之言而不征吴者，天下何由一轨！吾计决矣，不复与诸卿议也。"④ 希望大臣支持他征讨东晋，完成统一大业。

史书记载，苻坚有比较高的汉化水平，对于这一点唐人也比较认同，"永固（苻坚字）雅量环姿，变夷从夏，叶鱼龙之谣咏，挺草付之休征，克剪奸回，纂承伪历，遵明王之德教，阐先圣之儒风，抚育黎元，忧勤庶政"⑤。这说明，苻坚的汉化程度

---

① 《晋书》卷 113《苻坚载记》，第 2904 页。
② 《晋书》卷 114《苻坚载记》，第 2911 页。
③ 《晋书》卷 114《苻坚载记》，第 2914 页。
④ 《晋书》卷 114《苻坚载记》，第 2915 页。
⑤ 《晋书》卷 115《苻登载记》，第 2956 页。

比较深，深受中国传统儒家文化的影响，是一个执着于一统观念的非华夏民族首领，在一统观念引导下的司马迁的史书撰写方式正好满足了其需求，也可以为其实现一统服务，故而前秦的史官撰写前秦国史时，自然也将其祖源追溯到了黄帝。考虑到十六国时期的文化大背景，以及前秦统治集团对汉文化情有独钟的实际情况，我们有理由做这样的推断。

因此，无论从史书撰写本身，还是书写模式、书写内容以及为尊者讳的痼疾等都被前秦统治者所承袭，故而我们在史书中看到的苻氏在民族归属上的混乱与矛盾状况就顺理成章了。这既是非华夏民族政权的需要，同时也是华夏民族史书书写模式影响所致。

综上所述，苻氏氏族在中国传统史书编纂体系及话语体系影响下，在编撰史书时将自己的祖源追溯至有扈氏，与汉人联系在一起，但是，在其统治阶层，在民族身份的认同上，认同自己是"胡"或"夷狄"仍是一种普遍现象，故而其在民族认同上体现出非常矛盾的一面，由此可见，苻氏的氏族在当时并没有构建起非常清晰或明确的谱系。

中古时期的佛教与民族边界

　　中古时期，是中国历史上宗教繁荣发展的时期，无论是本土的道教还是自两汉时期传入的外来宗教——佛教都得到了充分的发展。同时这一时期也是中国历史上民族活动频繁的时期。在文化多元、民族交融的状况下，错居杂处的华夏民族与内迁民族之间为了政治生态及文化资源的竞争，总是有意或无意地去寻求民族边界辨识的工具①。

　　宗教作为一种文化，其思想和信仰因素对个体、群体的归属感、自我意识、自尊和社会角色地位有深刻的影响，甚至有些宗教对此有直接的规定。从民族形成发展的历史进程看，宗教是不同民族之间区分的重要特征之一。佛教作为一种世界性宗教自汉代传入我国，在中古尤其是十六国北朝时期，无论对汉民族还是内迁非汉民族来说，都是一个需要面对的新的信仰资源。在外来

---

　　① 　关于民族与边界的有关理论可参见弗里德里克·巴斯《族群与边界》，高崇译，《广西民族学院学报》（哲学社会科学版）1999 年第 1 期；马成俊《弗雷德里克·巴斯与族群边界理论（代序言）》，《西北民族研究》2014 年第 3 期，第 170 页；王明珂《华夏边缘——历史记忆与族群认同》（增订本），浙江人民出版社，2013；王明珂《英雄祖先与弟兄民族》，中华书局，2009；王明珂《羌在汉藏之间》，中华书局，2009。

文化的冲击下，中国固有的夷夏之辨观念，使华夏民族本能地对来自异域的佛教产生一种拒斥心理，从而捍卫华夏文化的正统；而入主中原的内迁民族因为其"胡""夷"之身份对佛教却有一种与华夏民族截然不同的亲近感，并且主动利用佛教进行民族身份的构建。面对同样的宗教资源，一个群体亲近，一个群体拒斥，两个群体的不同表现，使得在中古时期，外来的佛教在一定程度上及一定范围内，成为内迁民族与华夏民族标识边界的一个重要工具。

但是，对中古时期佛教与民族边界的互动现象，几乎无人关注。有关这一时期佛教的研究成果大都集中在佛教教义、传播状况、经典的翻译及高僧研究等方面。吕建福从理论上对宗教与民族认同、佛教传入对中国传统民族观的嬗变等做了阐述①，具体把中古时期的佛教与民族（或族群）认同等联系在一起的研究成果还不多，对于这一时期佛教与民族边界的构建和互动等问题，学界更是少有人涉及，故本书尝试在此方面做一些努力。

一　儒、道的排斥：民族身份的辨识

佛教作为一种外来宗教及思想体系，自汉代传入中国以来，由于在许多观念以及与此相关联的宗教实践方面，皆与中国固有的传统思想观念和生活方式相冲突，因此一直受到来自国家层面及儒家、道教之士的批评、排斥。

---

① 吕建福：《宗教与民族认同》，《陕西师范大学学报》（哲学社会科学版）2006年第5期；吕建福：《魏晋南北朝时期佛教的传播与中国民族观的嬗变——以儒释道三道论争为中心》，《西北民族论丛》2006年第4辑。

中国传统文化中有"神不歆非类，民不祀非族"的宗教信仰理念。早在佛教汉代传入中国之时，政府就在地域及民族身份上对佛教的传播及信仰做了限制，规定只允许西域胡人立寺信奉①；西晋太康年间（280～289），政府仍明令"禁晋人（与'胡'相对应的汉人或华夏民族）作沙门"②。不准汉人出家为僧的政策经汉代历曹魏、西晋一直延续到后赵。禁令是一回事，实际情况也许是另一回事，当时汉人（为了行文方便，有时也称华夏民族）也有出家之人。但是，汉人的这种行为毕竟属于私度，从政府层面来说是不合法的。所以，"在汉、魏、西晋时期，佛教主要流传于侨居汉地都邑的胡人聚落空间内。而从文献反映的早期汉族僧人材料看，代表人物主要有魏、西晋时期朱士行、支孝龙、刘元真、竺法深等人。由于魏、西晋时期国家仍禁止汉人出家，汉人社会舆论环境也不支持汉人出家，故出家汉僧的生活空间基本上离不开奉佛的侨居胡人生活空间"③。

除了国家或政府层面的明确禁止，传统的儒、道之士，也以佛教为"夷狄之术"的理由加以排斥。东汉明帝遣使西行取经，获经像，"所图佛立像并四十二章经，缄于兰台石室"④。但此行为遭到反对："今陛下道迈义皇，德高尧舜，窃承毕下弃本追

---

① 慧皎撰，汤用彤校注《高僧传》，中华书局，1962，第352页。
② 道世：《法苑珠林》，周叔迦、苏晋仁校注，中华书局，2003，第869页。
③ 叶德荣：《汉晋胡汉佛教论稿》，兰州大学出版社，2012，第153页。
④ 佚名：《汉显宗开佛化法本传》，道宣《广弘明集》卷1《大正藏》卷52，河北省佛教协会，2005，第98页。

末，求教西域。所事乃胡神，所说不参华夏。"① 反对者非常明确地把佛祖归为"胡神"，并指责佛教教义"不参华夏"，将佛教排除在华夏文化之外。对于佛教信仰，"世人学士多谤毁之"②，且信奉之人极少。因而当迦叶摩腾"不惮疲苦，冒涉流沙"来到洛阳时，东汉明帝出于礼节虽以礼相待，并"立精舍以处之"，但时人"未有归信者"③。成书于汉末三国时期的牟子《理惑论》梳理了时人对佛教的困惑及误解，其中记载了许多当时儒者对佛教的非难之事，试举一例："吾子弱冠学尧、舜、周、孔之道，而今舍之，更学夷狄之术，不已惑乎?"④ 也是径直将佛教当作"夷狄之术"。这种例子在《理惑论》中非常多，兹不赘举。"胡神"与"夷狄之术"是儒者及道士排斥、反对佛教时经常使用的称呼。

三国时期，儒、释、道之间主要围绕老子化胡、沙门袒服及沙门是否应敬王者等问题发生争论。在这些争论中，儒、道二家从伦理纲常上将佛教置于与"夏"相对的"夷"之地位。十六国时期，后赵的中书著作郎王度因"佛出西域，外国之神"反对后赵境内百姓信奉或传播佛教。东晋时期，蔡谟以佛教是"夷狄之俗"劝阻意欲为先帝绘佛像作颂的行为："佛者，夷狄之俗，非经典之制……今欲发王命，敕史官，上称先帝好佛之志，下为夷狄作一象之颂，于义有疑焉。"⑤ 于是此事无成。《广

---

① 佚名：《汉显宗开佛化法本传》，道宣《广弘明集》卷1《大正藏》卷52，第99页。
② 牟子：《理惑论》，僧佑《弘明集》卷1《大正藏》卷52，第5页。
③ 慧皎撰，汤用彤校注《高僧传》，中华书局，1962，第1页。
④ 牟子：《理惑论》，僧佑《弘明集》卷1《大正藏》卷52，第3页。
⑤ 《晋书》卷77《蔡谟传》，第2035页。

弘明集》对此事的记载是蔡谟同样明确地将佛与夷人联系在一起："佛者，夷人，惟闻变夷从夏，不闻变夏从夷。"① 南朝梁时，荀济上表劝谏舍身奉佛的"中华之贵胄"梁武帝抛弃佛教时，把佛教与"姚、石羌胡"联系在一起："陛下以中华之贵胄，方尊姚、石羌胡之轨躅，窃不取一也。"② 到了南北朝时期，儒、释、道三教之间的夷夏之争达到了高潮，同时呈现南北截然不同的差异。南朝主要是围绕《夷夏论》和《三破论》的辩难，是理论上的争论，而北朝则由政府主导，将夷夏之争演变为激烈的灭佛行为。

由于国家政府层面的禁止，以及儒、道之士的排斥，一直到后赵政权正式放开汉人奉佛的禁令之前，汉人大多不奉佛，奉佛者主要为"羌胡之种"："曩者晋人略无奉佛，沙门徒众皆是诸胡，且王者与之不接，故可任其方俗"③；"寻中原人士莫不奉道。今中国有奉佛者。必是羌胡之种"④。出家为僧者大多为胡人是当时人的普遍看法，由此，是否信奉佛教也成为当时辨识胡人群体与汉人群体的一个重要标志。

基于把外来佛教当作"夷狄之俗"的认识，从东汉至两晋，儒、道之士对佛教的批评、攻击主要以"夷夏之辨"为思想武器。所谓"夷夏之辨"即"夷夏有别"，所以要求"严华夷之防"，严格区分夷、夏。"夷夏之辨"既是一种文化积淀和社会心理，也是一种文化歧视，同时也是民族辨识的一个标准。"夷夏之辨"的主体主要是指中原华夏族与周边少数民族，它起初属于民族

① 佚名：《历代王臣滞惑解》，道宣《广弘明集》卷6《大正藏》卷52，第126页。
② 佚名：《历代王臣滞惑解》，道宣《广弘明集》卷7《大正藏》卷52，第129页。
③ 桓玄：《桓玄与王令书论敬王事》，僧佑《弘明集》卷12《大正藏》卷52，第81页。
④ 刘勰：《灭惑论》，僧佑《弘明集》卷8《大正藏》卷52，第51页。

和地域矛盾，后来则主要体现为文化上的态度。按照"夷夏之辨"的思想精神，佛教因远自天竺，自然便是"夷狄之教"。

魏晋南北朝时期发生的儒、道与佛教之间的"夷夏之争"，虽然属于中外文化之争的性质，但同时也具有民族之争的含义。尤其是南朝宋、齐、梁三代，道教与佛教就夷夏问题展开的"辩论"更是如此，在这些论争中，儒、道之士非常明确地将佛教置于"夷"的地位，与"夏"相对。通过儒、道、释之间的"夷夏之辨"，刻意凸显、强调了华夏民族与边缘地区民族或内迁胡族之间民族属性的差异，使"夷""夏"之间的界限由想象的或概念性的，变成具体的、可操作的，二者之间的界限由此也变得更加明晰。

中国传统思想对外来文化既有封闭、排斥的一面，同时又有灵活、变通的一面，它虽然强调夷夏有别，但夷夏之间的边界并不完全固定，可以随着文化上的变迁而变化，正所谓"孔子之作《春秋》也，诸侯用夷礼则夷之，（夷而）进于中国，则中国之"①者也。这种开放的、以文化不以血统区分夷夏的方式，可以通过文化上的趋同消弭夷、夏之间的民族界限，为内迁胡民族进入华夏民族这一系列提供了理论基础或实际上的可能。

二　石虎的尊崇：胡族身份的凸显

佛教被政府及儒、道之士排斥的情况，自后赵政权建立后有

---

① 韩愈著，马其昶校注《韩昌黎文集校注》卷1《原道》，上海古籍出版社，1986，第17页。

了根本性的转变。"佛典翻译、教义的研究以及佛教信仰的普及，都比以前有较大发展。"①

十六国时期，许多政权不仅公开支持佛教，而且这些政权的首领对佛教也非常崇信，其中尤以后赵羯人石虎、前秦氐人苻坚、后秦羌人姚兴等为甚。后赵石勒尊崇西域高僧佛图澄，称其为"国之大宝"②，让其参与军国要事，甚至把诸幼子送到佛寺中教养。不仅如此，石虎还明令此后汉人可以公开出家，不必私度。在这种政策的引导下，大量的汉人也开始公开信奉佛教，以致僧人佛图澄"前后门徒，几且一万。所历州郡，兴立佛寺八百九十三所，弘法之盛，莫与先矣"③。"佛图澄与其弟子建立佛寺八百九十三所，是佛教传入中国以来的最高数字。"④ 石赵统治者的崇佛和佛图澄的弘法，形成了"中州胡晋，略皆奉佛"⑤的局面，佛教的势力迅速遍及后赵统治的广大北方地区。

继后赵之后，尊崇佛教的是氐族建立的前秦政权。苻坚笃信佛教，在其攻取东晋军事要地襄阳之后，扬言得了"一人有半"⑥。所谓"一人"就是指佛图澄的弟子道安，"半人"则是指东晋名士习凿齿，将僧人道安摆在如此之高的地位，足见苻坚对僧人及佛教的重视。另外，苻坚派吕光攻打龟兹，迎请鸠摩罗什亦是苻坚崇佛的明确体现。在这些行为的影响下，苻坚在位期间，其统治区域内的佛教事业发展迅速。僧人道安曾主持译经约

① 任继愈：《中国佛教史》第 2 卷，中国社会科学出版社，1985，第 129 页。
② 《晋书》卷 95《佛图澄传》，第 2487 页。
③ 慧皎撰，汤用彤校注《高僧传》，中华书局，1962，第 352 页。
④ 任继愈：《中国佛教史》，中国社会科学出版社，1991，第 147 页。
⑤ 慧皎撰，汤用彤校注《高僧传》，第 346 页。
⑥ 《晋书》卷 82《习凿齿传》，第 2154 页。

14 部 183 卷，吸引和培养了许多高僧，编辑了系统的佛经目录，提出了"五失本，三不译"的翻译理论。

后秦统治者姚兴也积极鼓励、支持佛教的发展。他派人把西域高僧鸠摩罗什迎入长安之后，"待以国师之礼，甚见优宠，晤言相对，则淹留终日，研微造尽，则穷年忘倦"①，因姚兴"托意于佛道，公卿已下莫不钦附"，其都城长安成为当时佛经翻译的重镇，有五千多个僧人会集于此，而且整个后秦的领地也是"慕道舍俗者，十室其半"②，甚至"事佛者十室而九矣"③。

经过十六国时期各个政权的扶持与大力提倡，佛教在中国的状况比初传入时已有了非常大的改观。据史料记载，到北魏时，其境内佛寺与僧人数量已经分别达到"四十千寺""二百多万众"④。佛教在中国的兴盛，有诸多方面的因素，其中内迁民族建立的几个政权对佛教的大力扶持应该是比较重要的一个因素。古人有"（佛教）汉魏晋世，似有若无。五胡乱治，风化方盛"⑤的断言。现代学者也认为"汉魏之后，西北戎狄杂居。西晋倾覆，胡人统治，外来之勤益以风行"⑥，因此，佛教的发展与内迁民族的关系是显而易见的。佛教的发展、兴盛与内迁胡族的密切关系充分体现了内迁民族与佛教之间的契合感及认同感。

后赵时期，石虎大肆崇信佛教的行为，引起了汉族士大夫的

---

① 慧皎撰，汤用彤校注《高僧传》，中华书局，1962，第 52 页。
② 慧皎撰，汤用彤校注《高僧传》，第 240 页。
③ 《晋书》卷 117《姚兴载记》，第 2985 页。
④ 道宣：《续高僧传》，道宣《广弘明集》卷 8《大正藏》卷 50，第 640 页。
⑤ 道林：《周祖巡邺请开佛法事》，道宣《广弘明集》卷 10《大正藏》卷 52，第 154 页。
⑥ 汤用彤：《汉魏两晋南北朝佛教史》，北京大学出版社，2011，第 109 页。

不满，中书著作郎王度上书劝谏说："佛出西域，外国之神，功不施民，非天子诸华所应祠奉。往汉明感梦，初传其道，唯听西域人得立寺都邑，以奉其神，其汉人皆不得出家。魏承汉制，亦修前轨。今大赵受命，率由旧章，华戎制异，人神流别。外不同内，飨祭殊礼，华夏服祀，不宜杂错。国家可断赵人悉不听诣寺烧香礼拜，以遵典礼。其百辟卿士，下逮众隶，例皆禁之。"①王度明确地将佛归为"外国之神"，而"非天子诸华所应祠奉"，而且认为"华戎制异，人神流别。外不同内，飨祭殊礼，华夏服祀，不宜杂错"，担心信仰佛教导致华夏与"戎"的服祀"杂错"，由此可见，其反佛最重要的目的就是维护"华夏服祀"，明确华夏民族与内迁胡之族之间的界限。王度的上书得到了许多汉族士大夫的支持，面对这种形势，石虎下诏："度议云：'佛是外国之神，非天子诸华所可宜奉'。朕生自边壤，忝当期运，君临诸夏。至于飨祀，应兼从本俗。佛是戎神，正所应举。"②坚定地表明了石虎扶持佛教的态度，同时也非常清楚地揭示出石虎信奉佛教的理由："生自边壤"的他，虽然"君临诸夏"，但在"飨祀"上仍主张坚持"兼从本俗"，信奉被华夏民族视为"戎神"的"佛"。把"戎神"之"佛"当成本俗的神，公开宣示了石虎对自己"戎"之民族身份的认同。

无论是王度上书禁佛还是石虎下诏主张奉佛，二人对各自行为解释的出发点却非常一致。王度反对佛教是因为"佛出西域，外国之神，功不施民，非天子诸华所应祠奉"，而石虎尊崇佛教

① 慧皎撰，汤用彤校注《高僧传》，中华书局，1962，第352页。
② 慧皎撰，汤用彤校注《高僧传》，第352页。

的原因也正是这一点，即佛教为"戎神"，故"正所应举"。身为华夏民族的王度与胡族出身的石虎不约而同，都把佛教当作标识民族身份的一个工具。

后赵建立者羯人，其体貌特征是"目深"①，"高鼻多须"②，与中原地区的民族差异比较大。十六国时期，许多内迁民族将自己的祖源与华夏民族望族或远祖联系在一起：刘元海与西汉宗室刘氏联系在一起③，前秦氏族"其先盖有扈氏之苗裔"④，赫连勃勃标榜自己为大禹之后⑤。但是，石勒叔侄在祖源认同上具有鲜明的个性，他们公开宣示自己的"胡"族身份，并时常自称为"胡"⑥。羯人是来自中亚地区的胡人。当时佛教传入中国多以西域为中转站，且在中原地区传播佛教的僧人也多来自西域诸国。因此，身为中亚胡人的石虎自然对佛教有一种亲近感，也许正是基于这种原因，后赵石氏对以佛图澄为代表的佛教大力扶持。石虎以"生自边壤"之胡人身份对来自异域的被华夏民族视为"胡神"佛教的扶持与尊崇，使其"胡"之民族身份与"胡神"之宗教信仰二者紧密契合，后赵石氏顺势将佛教作为构建其（包括后赵境内的其他胡族）民族身份的一种工具。

石虎除了公开宣称"佛是戎神，正所应举"外，还明令"夷赵（'赵人'即与'夷'相对应的民族，也即华夏民族）百

① 《晋书》卷106《石季龙载记》，第2776页。
② 《晋书》卷107《石季龙载记》，第2792页。
③ 《晋书》卷101《刘元海载记》，第2650页。
④ 《晋书》卷112《苻洪载记》，第2867页。
⑤ 《晋书》卷130《赫连勃勃载记》，第3205页
⑥ 《晋书》卷104《石勒载记》，第2721页。

蛮有舍其淫祀，乐事佛者，悉听为道"①，从此"中州胡、晋略皆奉佛"②。石虎的这一政策打破了只有羌、胡之人可以公开信奉佛教、出家为僧的禁令。这是中国历史上第一次由国家、政府层面明令汉人可以出家③，此后汉人出家为僧便成为一种合法行为。"胡、晋略皆奉佛"的现象使得"胡、晋（即所谓的华夏民族）"之间以佛教为标志的界限模糊化，此后佛教作为民族标志的意义有所减弱。正如学者所说："佛教在上下各阶层取得信仰的统治地位后，对消除种族隔离，融合民族生活习惯，起过促进作用。"④

其实佛教在少数民族中受到追捧，并非始于十六国时期。晋惠帝末年河间王司马颙镇守关中时，秦州刺史张辅将高僧帛远鞭打致死，导致了陇上准备迎接帛远归来的羌、胡精骑五千为之报仇，并分取帛远尸骨，"各起塔庙"⑤。北方少数民族对佛教的态度与华夏民族截然不同。

由此可见，内迁民族尤其是来自中亚的羯人进入中原地区之后，随着其民族意识及自我认同的觉醒与强化，通过尊崇外来的"胡神"佛教，彰显其民族特性及民族认同便成为其可资利用的一个非常好的方法。他们以"佛是戎神，正所应应"为名，大力弘扬佛教。因此，十六国时期就成为佛教在中国历史上的一个大发展时期，同时，"十六国时期，实是中国佛教史上以胡人为信仰主体向以汉人为信仰主体的转变时期。特别是后赵时期，以

① 慧皎撰，汤用彤校注《高僧传》，中华书局，1962，第352页。
② 慧皎撰，汤用彤校注《高僧传》，第346页。
③ 任继愈：《中国佛教史》，中国社会科学出版社，1991，第146页。
④ 任继愈：《中国佛教史》，第1页。
⑤ 慧皎：《高僧传》，第27页。

石氏为代表的'羯胡'群体的动态，是佛教在华北地区扩散的重要媒介"①，以致"在文化层面上出现了佛教在中原地区扩散传播的局面"②。

三　太武帝、周武帝反佛：胡族身份的消弭

佛教自两汉传入中国以来，由于受到来自本土文化儒、道的批评与排挤，故发展一直比较缓慢，至十六国时期，由于内迁民族对外来佛教有一种天然的亲近感、认同感，许多政权如后赵、前后秦等对佛教大力扶持，无论是在教徒、寺院的数量或在佛经的翻译上，佛教发展都有了非常大的突破。但是，到北魏、北周时期，同属内迁民族的太武帝和周武帝（二人皆为鲜卑民族）掀起了两次激烈的反佛运动。

太武帝在太平真君五年（444）春正月，下令严厉打击佛教："愚民无识，信惑妖邪，私养师巫，挟藏谶记、阴阳、图纬、方伎之书；又沙门之徒，假西戎虚诞，生致妖孽。非所以壹齐政化，布淳德于天下也。自王公已下至于庶人，有私养沙门、师巫及金银工巧之人在其家者，皆遣诣官曹，不得容匿。限今年二月十五日，过期不出，师巫、沙门身死，主人门诛。"③ 在诏书中身为鲜卑民族的北魏太武帝明确地把佛教指斥为"西戎虚诞"，认为佛教的传播不利于"壹齐政化，布淳德于天下"，此后不久，太武帝又下了一次更为彻底的诏书：

① 叶德荣：《汉晋胡汉佛教论稿》，兰州大学出版社，2012，第241页。
② 叶德荣：《汉晋胡汉佛教论稿》，第247页。
③ 《魏书》卷4《世祖纪》，第97页。

昔后汉荒君，信惑邪伪，妄假睡梦，事胡妖鬼，以乱天常，自古九州之中无此也。夸诞大言，不本人情。叔季之世，暗君乱主，莫不眩焉。由是政教不行，礼义大坏，鬼道炽盛，视王者之法，蔑如也。自此以来，代经乱祸。天罚丞行，生民死尽，五服之内，鞠为丘墟，千里萧条，不见人迹，皆由于此。朕承天绪，属当穷运之弊。欲除伪定真，复羲农之治。其一切荡除胡神，灭其踪迹，庶无谢于风氏矣。自今以后，敢有事胡神及造形像泥人、铜人者，门诛，虽言胡神，问今胡人，共云无有……诸有佛图形像及胡经，尽皆击破焚烧，沙门无少长悉坑之。[1]

对于太武帝这次灭佛的原因，学者众说纷纭，总的说来不外乎政治、经济或宗教文化等方面。但是，就北魏这个时期而言，由于对外征战频繁，君权相对集中，沙门并不敢像南朝僧人那样"不敬王者"。道武帝时，深受宠信而为道人统的法果曾说："太祖（即道武帝）明睿好道，即是当今如来，沙门宜应尽礼，遂常致拜。"为自己致拜太祖的行为解释说："我非拜天子，乃是礼佛耳。"如此看来，他们还远没有达到"视王者之法，蔑如也"[2] 的程度。从经济上看，沙门也只是享受免役租调特权而已，太武帝时期寺院经济还远未形成，所以，沙门在经济上也不像后世那样给国家造成很大的损失。因此，单纯政治上或经济上的因素，皆不足以促使太武帝采取灭佛行动，太武帝灭佛的行为

---

① 《魏书》卷 114《释老志》，第 3034～3035 页。
② 《魏书》卷 114《释老志》，第 3034 页。

应是多方面因素综合导致的结果①。除此之外，太武帝灭佛也反映了其试图利用反佛这一行为淡化与华夏民族的边界，为北魏政权争正统的心理。

在华夏民族传统的儒家学说中，"内诸夏而外夷狄""贵诸华贱夷狄"思想层出不穷。西晋时期，有汉族知识分子不承认少数民族有迁居内地的权利，建议政府把早已与华夏民族杂居的内迁民族迁徙到边远之地②，这种狭隘的以汉族为中心的民族偏见，曾在社会上有过相当大的影响，即使是在内迁胡族已经称帝的情况下，"自古无胡人为天子者"③ 仍是当时人的普遍认识。因此，当时内迁的胡族在建立政权时必须寻求一种事实或理论上的根据，来论证其政权及统治的合法性。刘元海起兵反晋时，打着刘氏汉家的旗号，自我标榜"吾又汉氏之甥，约为兄弟，兄亡弟绍，不亦可乎？且可称汉，追尊后主，以怀人望"④；赫连勃勃标榜自己为"大禹之后，世居幽朔"⑤；鲜卑慕容氏"其先有熊氏之苗裔，世居北夷"⑥；等等。北魏鲜卑拓跋氏自然也不能免俗："昔黄帝有子二十五人，或内列诸华，或外分荒服，昌

---

① 汤用彤：《汉魏两晋南北朝佛教史》，北京大学出版社，2011；向燕南：《北魏太武帝灭佛原因考辨》，《北京师范大学学报》1984 年第 2 期；栾贵川：《北魏太武帝灭佛原因新论》，《中国史研究》1997 年第 2 期；房芸芳：《北魏太武帝灭佛原因浅析》，《历史教学问题》1996 年第 1 期；张箭：《论导致北魏灭佛的直接原因暨罪证》，《西南民族学院学报》（哲学社会科学版）2000 年第 6 期；李春祥：《北魏太武帝与周武帝灭佛之异同》，《通化师范学院学报》2001 年第 3 期；韩府：《"太武灭佛"新考》，《佛教研究》，2003；刘淑芬：《从民族史的角度看太武灭佛》，《中古的佛教与社会》，上海古籍出版社，2008。
② 《晋书》卷 56《江统传》，第 1532 页。
③ 《晋书》卷 104《石勒载记》，第 2735 页。
④ 《晋书》卷 101《刘元海载记》，第 2649 页。
⑤ 《晋书》卷 130《赫连勃勃载记》，第 3205 页。
⑥ 《晋书》卷 108《慕容廆载记》，第 2803 页。

意少子，受封北土，国有大鲜卑山，因以为号……黄帝以土德王，北俗谓土为托，谓后为跋，故以为氏。"[1] 此外，儒家传统的五德历运也是十六国北朝时期各个政权用来论证统治合法性的一个工具。[2] 总之，内迁民族不遗余力地利用各种时机及工具论证其政权的正统性与合法性。

在太武帝时期，虽然拓跋鲜卑还没有采取完全的汉化政策，但是北魏已经成为第一个统一了广大中国北方地区的内迁民族的政权。当时，与之并立的是南方汉人政权，在传统的思想观念中，南方政权因是华夏民族所建政权，因而有与生俱来的优势，是天然的正统所在，而且南方的统治者历来也都以正统自居，在"夷夏"之别中占据"夏"的位置，时常斥当时活动在北方地区的胡族为"虏"，视其所建政权为"僭伪"。

在这种形势下，太武帝对外来的、被华夏民族视为"夷狄之俗"的佛教，自然是持怀疑的态度，甚至是唯恐避之不及，因与"胡神"佛教亲近而被华夏民族视为胡族，太武帝尊崇华夏正统文化，打击、消灭外来佛教，借以消弭作为统治民族的鲜卑与本土的华夏民族的区隔，争取汉族与其他少数民族的认同和支持，以便在与南方诸政权争正统时占据有利地位，对外来胡神佛教的打击也是太武帝试图证明其政权正统性的一次努力。

在两次灭佛诏书中，太武帝以华夏正统的君主自居，斥佛教为邪伪、鬼道，佛教的神祇是妖鬼、胡神，佛教经典是"胡

① 《魏书》卷1《序纪》，第1页。
② 罗新：《十六国北朝的五德历运问题》，《中国史研究》2004年第3期。

经",自古"九州之中"无此教,承天绪的自己,有责任除伪定真,"一切荡除胡神",复羲农之治,行王法,正天常,等等。太武帝的两次灭佛诏书清楚地表达了其以严厉打击"西戎虚诞"佛教表明民族身份,以及争正统去僭伪的心理。同时也表明内迁胡族在中国传统儒家文化的影响下,开始具有中国传统的夷夏"辨"及"防"的思想和情结。反映了他们对中国传统文化的认同以及对外来"胡"教的怀疑与隔膜。太武帝通过灭佛等一系列活动,试图摆脱原本的鲜卑民族印记,自我认同为"华夏",最终达到趋同于华夏的目的。

到北周时,武帝又发动了一次反佛运动,诏书中的一些内容也非常清晰地说明了反佛的部分原因:"佛生西域,寄传东夏,原其风教,殊乖中国。汉魏晋世,似有若无。五胡乱治,风化方盛。朕非五胡,心无敬事,既非正教,所以废之。"① 周武帝的灭佛诏书中传达出与北魏太武帝同样的心态。只不过在灭佛诏书中体现的民族认同及民族边界的标志上,周武帝的态度更加清晰和明确而已。

周武帝非常明确地将自己定位为非"五胡"(北方内迁民族的泛称)。他认为佛教是生于西域的"非正教",被华夏民族视为"胡神","五胡乱治"之时,才得以"风化方盛",因此"非五胡"的他自然不必信奉,而且还应该废止。由此可见,促使周武帝灭佛的一个重要原因也是佛教来自外域。我们知道,自北魏孝文帝改革以来,入主北方的鲜卑族和其他少数民族便开始或加快了汉化。到北周时,经历了北魏、西魏、北周三个朝代,

---

① 佚名:《历代王臣滞惑解》,道宣《广弘明集》卷6《大正藏》卷52,第126页。

已将近一个世纪。北周政权的建立者鲜卑族的汉化程度已经比较深，北周也基本上已经是鲜、汉民族共治的国家，周武帝本人更是以华夏正统自居。他不仅要巩固北周政权，而且要东平北齐，甚至还想进而"平突厥，定江南""将欲包举六合，混同文轨"①，最终统一全中国，成为秦皇汉武那样建立大一统王朝的帝王，俨然一个华夏民族的帝王形象。

即使如此，周武帝的胡族身份仍旧是他的一个困扰。汉化程度比较高的周武帝深谙中国传统文化中"夷夏之辨"思想的内涵。虽然周武帝及其统治集团自觉地接受汉文化，努力融入华夏民族，当时的胡、汉矛盾正在或已经化解消弭，胡、汉差别也逐渐弱化或泯灭，长期处于内迁民族统治下的华夏民族对胡族所建政权也已经有了很强的认同感，但是，与北周并立的南方汉族所建政权，以及同处北方的北齐政权，仍旧是周武帝必须面对的客观存在。这些并立的政权都在为争正统而不遗余力，为了不在政权的正统性上给敌人落下口实，周武帝想尽办法避免被其他政权斥为"胡族"而陷入"正统性"的尴尬。佛教为外来的胡教，容易授人以把柄，这也是周武帝取缔佛教时考虑的一个因素，以避因放任"胡教"被视为"胡族"之嫌，有损于自己和北周的华夏正统形象。更何况佛教在这个不适当的时机有了突飞猛进的发展，在发展过程中又暴露了足以致命的窳败现象，给统治者以口实。周武帝并非意识不到佛教的教化作用，但面临"正统论"的挑战，这种作用就显得微不足道了。

北方政权其胡族身份所面临的正统性尴尬，导致在对待佛教

---

① 《周书》卷6《武帝纪》，第106~107页。

的方式上与南方政权有很大的不同。南朝时也有三教争论，但多属宗教及文化之争，只停留在理论层面，虽然有时论争也比较激烈，但采取的方式都比较和缓，即使有时出于现实政治的需要，帝王也会对过分发展的佛教采取某些限制措施，但是其手段一般也比较温和，没发生过灭佛事件。

到了唐武宗时期，又发生了一次反佛事件。但是，唐武帝时期的情况已经与北魏太武帝及北周武帝时的情况有所不同。虽然在唐人心目中，夷夏观仍旧有相当影响，佛教是外来思想和宗教因而被作为夷俗受到攻击，皇帝抑佛，常持"夷夏观"，如唐太宗、玄宗、武宗等；士大夫运用"夷夏观"反佛的亦不少，如狄仁杰、韩愈等。但是，统一的唐王朝不存在政权合法性的困扰，因此，此时期对待佛教的态度所表达的文化意义远大于民族身份标志的意义。

综上所述，佛教自传入中国后，在十六国北朝时期，成为民族边界的一种标志。自两汉至后赵，政府通过法律方式禁止汉人出家为僧，从国家层面画了一条华夏民族与内迁胡族的界线；儒道之士以"夷夏之辨"为思想武器，因佛教为"胡神""戎神"而加以批评或排斥。通过国家与社会两个层面的努力，佛教在一定程度上及一定范围内，成为标识华夏民族与内迁胡族界限的一个工具，即信佛教者皆为胡，反之即是华夏民族。虽然当时也有少数汉人出家为僧，但这属于私度，是不合法的，而且这些汉僧也大多活动在胡人聚落之中。

随着少数民族实力的不断增强，民族的自我认同逐渐强化，内迁民族统治者试图以尊崇佛教来彰显自己的民族特性，重新构建民族身份；对汉人信奉佛教禁令的放开，也在一定程度上消解了胡、汉民族的界限，同时也促进了佛教的发展，但政权的正统性问题仍旧没有解决。到南北朝时期，中国北方地区，胡、汉民族的矛盾与冲突仍然存在，"夷夏之辨"依旧是华夏民族排斥内迁胡族的一个有力的思想武器。政权建立者的胡族身份，仍旧是统治者无法逾越的一个障碍，北魏、北周仍旧面临正统性的困扰。再加之，与其并存的有南方的汉族政权，以及北方地区的其他政权，其中的南方政权因其统治者为汉族而具有天然的正统性优势。为了不给政权对立方留下口实，北魏太武帝、北周武帝对佛教这种"夷狄之教"和佛这个"胡神"避之唯恐不及，为了显示自己亲华夏而非胡的态度与决心，反佛便成为非常合适的一个举措。他们的"反佛"行为也体现了内迁民族试图模糊自己的胡族身份，在民族认同上趋向于华夏民族的意图，这一行为促使佛教的内迁民族与华夏民族民族身份标志作用的最终消解。

南北朝时期，北方的反佛以及南方的三教论争，使佛教在这一过程中经受了"夷夏之辨"的考验，基本清除了中国社会士族阶层以"夷夏之辨"反佛的障碍，并最终成为中国文化不可分割的一部分。到梁陈之后，在"三教调和""三教融通"思想的影响下，佛与儒、道之间斗争的激烈程度大为降低，它们之间的相互吸收和融合有了加强，而到了唐以后，"夷夏之辨"论战的价值取向是"三教虽异，善归一揆"[1]，即儒、释、道三家融合。此后，佛教作为民族边界的工具性作用随之弱化直至消失。

---

① 罗香林：《唐代三教讲论考》，《唐代文化史研究》，商务印书馆，1992，第86页。

图像
北魏佛教造像中的民族认同

服饰、 姓氏与民族认同

　　"民族"不仅仅是以血缘、地域关系为基础形成的人类共同体，更为重要的是以文化的共同体而紧密联系在一起的稳定的人类共同体。巨大的文化差异使人们可以区分"我族"和"他族"。民族认同是一种心理活动，在民族认同逐步加深的过程中，族群成员通过对本民族文化的认知和感受进一步确认了自己的民族身份。因此，可以说文化是民族认同的基础和天然边界，是体现民族认同的一个最主要、最基本的方面。民族的认同感总会在特定的民族文化上得到表现，留下或隐或显的印记。

　　民族认同是在一定历史情景当中建构的，它也会随情景变化而变化。影响民族认同的因素既有社会性和政治性的因素，同时也有心理方面的因素。这种复杂性决定了民族认同研究需要多学科的视角。民族认同的文化联结来自原生性要素的纽带，如习俗、血缘、祖源、语言等的共同性，除此之外，宗教、服饰、建筑等所有外显的文化要素都可以作为人群互相区别的标志。这种认同的因素，在中国古代可能表现得更为直接或明显。

"北魏（386～534）是中国佛造像的黄金时代，许多佛像名品大多出于北魏"①，而且"在北魏时代的佛教造像上，非常流行在台座或背面表现胡服（中国北方民族穿着的衣服）供养人像，说明了鲜卑族接受佛教，以造像的形式实践佛教活动。造像主，即供养人留下自身的形象目的是作为'造像的记录'，以明示自己的发愿及出资，享受造像的功德。供养人像的表现早见于太平真君年间的造像中，在单体金铜佛和石雕像上是通常的做法，在石窟造像中多表现于佛龛台座部分"②。

佛教造像中无论是供养人还是佛像，他们的服饰都非常直观地反映了当时人的服饰状况，尤其是中国石窟造像中的供养人形象，大抵都是造像功德主本人形象的状摩。十六国北朝时期大量的造像碑记不断地被发现，给我们提供了大量的姓氏、服饰资料，这为进一步探究当时的社会生活、民族关系等提供了方便，同时使研讨十六国北朝时期的民族认同成为一种可能。因此，在这一部分，分析的落点主要放在图像上，即从各种石窟造像或题记中供养人服饰与姓氏的变化上探讨其中所反映的民族认同情况，因此，在论述这一问题之前，有必要先厘清何谓胡服，何谓汉服，以及在中国古代姓氏与服饰如何表达民族属性信息，如何反映民族认同等问题。

一　胡服与汉服的形制

"胡"是我国古代尤其是两汉时期至南北朝时期汉文文献对

---

① 金申：《中国历代纪年佛像图典》，文物出版社，1994，第 3 页。
② 〔日〕石松日奈子撰《北魏佛教造像史研究》，筱原典生译，文物出版社，2012，第 101 页。

北方游牧民族的统称。因此，本书中所指胡服主要是指古代非汉民族或非华夏民族服饰。

胡服在汉文史书记载中出现得比较早，战国"赵武灵王亦变俗胡服，习骑射"①，到南北朝时期，有相关史籍比较详细地记载了胡服的具体形制。"（高祖）责留京之官曰：'昨望见妇女之服，仍为夹领小袖。'"② 由此可见，"夹领小袖"为胡服的一种形制。《梁书》载："河南王者，其先出自鲜卑慕容氏……著小袖袍、小口袴、大头长裙帽，女子披发为辫。"③《旧唐书·舆服志》载："爰至北齐，有长帽短靴，合胯袄子，朱紫玄黄，各任所好。"④ 王国维的《胡服考》载："胡服……其制，冠则惠文，带则具带，履靴。其服，上褶下袴。"⑤ 此外，"张晏云'鲜卑郭落带，瑞兽名也，东胡好服之'"⑥，讲述鲜卑郭落带刻有瑞兽，并认为"鲜卑"族名即其瑞兽之名。但是，由于汉服也有腰带，在雕刻中服饰腰带细节较不明显，故不能以此进行判断。此外，还有从左右衽来区分胡、汉民族，认为汉族的服饰为右衽，胡族的服饰为左衽，即胡族"披发左衽"。由所引史料，可以推知胡服形制应为遮耳长帽、夹领、窄袖、长裤、短靴等，故本书在此后的讨论中主要以是否具有这种特征来判定供养人的服饰是否为胡服。

与胡服相对的即为汉服。《汉书》载："武帝末……不疑冠

---

① 《汉书》卷94《匈奴传》，第3747页。
② 《魏书》卷21《咸阳王禧传》，第536页。
③ 《梁书》卷54《河南王传》，第810页。
④ 《旧唐书》卷45《舆服志》，第1951页。
⑤ 王国维：《观堂集林》卷22《史林》14《胡服考》，中华书局，1959，第1069页。
⑥ 《史记》卷110《匈奴列传》，第2898页。

进贤冠，带櫑具剑，佩环玦，褒衣博带。"① 《后汉书》载："郭太字林宗……身长八尺，容貌魁伟，褒衣博带。"② 《释名疏证补》卷五《释衣服》详细介绍了东汉后期襦、绔、褶、禅衣、裙、袍的汉服形制。《陈书》载："胡服缦缨，咸为戎俗，高冠厚履，希复华风。"③ 因此，汉服以冠冕、广袖、长袍、厚履为主要形制，故在此后的讨论中以此形制为特征的"褒衣宽带"服饰均判定为汉服。

关于胡服，有沈从文、周锡保、吕一飞等先生的研究，其中有关北朝胡服的情况，在吕先生的著作中有详细讨论，可参阅。④ 基本上"胡服的上身男女都是交领（衣襟重叠）、窄袖（筒袖。袖口很小，袖子很短）的长上衣，下身穿短裤（与今天的裤子一样分两岔的形式）"⑤。

人类从蒙昧时代进入文明时代后，服饰便成为必不可少的日用生活品。服饰除用来遮蔽和保护身体外，还有一项极为重要的功能就是社会标志功能。"我诸戎饮食、衣服，不与华同，贽币不通，言语不达"⑥ 是中国古代对一个群体的不同认识。通过一个人的服饰，可以大致看出其社会地位、经济状况、生活方式、审美趣味等。《春秋繁露》载："王者必受命而后王，王者必改

---

① 《汉书》卷71《隽不疑传》，第3035页。
② 《后汉书》卷68《郭太传》，第2225页。
③ 《陈书》卷1《高祖本纪》，第19页。
④ 沈从文：《中国古代服饰研究》，香港中华书局，1981；周锡保：《中国古代服饰史》，中央编译出版社，2011；吕一飞：《胡族习俗与隋唐风韵——魏晋北朝北方少数民族社会风俗及其对隋唐的影响》，书目文献出版社，2011。
⑤ 〔日〕石松日奈子撰《北魏佛教造像史研究》，筱原典生译，文物出版社，2012，第101页。
⑥ 左丘明著，杜预注《左传·襄公十四年》，上海古籍出版社，2016，第542页。

正朔，易服色，制礼乐，一统于天下。"① 《礼记·大传》载："立权、度、量，考文章，改正朔，易服色，殊徽号，异器械，别衣服，此其所得与民变革者也。"② "中国封建社会中，服饰强烈地反映着等级、名分的差别，社会成员都必须依照自己的等级身份来穿戴，衣、帽、鞋、袜、装饰品等等，无一不在形制、质料、图案花纹及色彩上有严格的区分，不能僭越。皇帝的服饰，自然是唯我独尊，臣民不准僭越。百官的服饰，平头百姓当然也不许穿戴。百官之中，大官与小官的服饰又有区别，不得混杂。就连一般老百姓——士、农、工、商的服饰也各有区别。还有，男尊女卑，其服饰也得有所区别，不能混同。这就形成了一套完整严密的服饰制度，把人们的高低贵贱区分得清清楚楚"③。

服饰是一个国家或一个民族在一定历史阶段中的文化传承现象，是生活民俗中的一项重要内容，它既有历史的传承性，同时又受到民族性、阶级性和区域性等诸多社会因素的制约，是社会物质文明和精神文明的折射。

也正因为服饰有如此多的功能，所以在中国古代特别重视服饰，每逢改朝换代，首先便要"易服色"，以宣示新朝的建立及正统性，让"服色"的政治意义首先服务于新王朝的合法性，在运用"改正朔、易服色"来说明自己政权的合法性时对之进行了种种改易，正朔、服色的影响最终仅作为一种仪式性的政治名分而存在。帝王通过"改正朔、易服色、别衣服"，可以使臣民意识到改朝换代，促使其认同的转变，达到取得天

① 苏舆撰，钟哲点校《春秋繁露义证》，中华书局，1992，第182页。
② 陈澔注，金晓东校点《礼记》，上海古籍出版社，2016，第392页。
③ 吕一飞：《胡族习俗与隋唐风韵》，书目文献出版社，1994，第30页。

下正统的目的。

不仅如此，服饰也时常是民族边界的一个标志。"冕旒衣冠，在现代人看来，也许只是外在装束，充其量也就是一个民族风格，或者在正式场合中作为身份标志，并没有什么太严重的意义。但在古代东亚来说，冕旒衣冠却是'承认'和'认同'的象征，不仅涉及民族（华夷），而且涉及国家（王朝），甚至呈现文明与野蛮（文化）。传统儒家学说所形塑出来的政治制度和观念世界，似乎特别在意衣冠的象征性，无论是政治上的等级，还是家族内的亲疏，都要依靠衣冠服色来确认，就连王朝的合法性与文化的合理性，也得要靠衣冠来建立"[1]。

不只是中国学者对服饰与民族认同有如此阐释，外国学者也认识到在中国古代，服饰与民族认同的密切关系。如日本学者在对云冈石窟造像研究时，认为其 11 窟 "着鲜卑服的供养人像，表现佛教信徒形象的同时，也表示自己是属于推崇跟佛陀同等的皇帝的鲜卑国家的成员"[2]。"他们虽然是从佛教信仰出发，但实际上极具政治性和社会性的意义、目的和功能。以胡服表现的供养人像意味着他们是鲜卑国家理想的臣民像，具有表示向统治者顺从意志的功能。"[3] "当然，供养人图像的意义、目的和功能随时代、民族和地域不同而有所变化。北魏时期，经服制改革，汉服被定为公服后，汉服供养人像成为理想的臣民像，而胡服逐渐

---

① 葛兆光：《朝贡、礼仪与衣冠——从乾隆五十五年安南国王热河祝寿及请改易服色说起》，《复旦学报》（社会科学版）2012 年第 2 期。

② 〔日〕石松日奈子撰《云冈第 11 窟太和七年邑义造像和武州山石窟寺的变化》，牛源译，云冈石窟研究院编《2005 年云冈石窟学术研讨会论文集》。

③ 〔日〕石松日奈子撰《中国佛教造像中的供养人像——佛教美术史研究的新视点》，牛源译，《中原文物》2009 年第 5 期。

失去了其'表示服从意志'的功能。相反，胡服也有被视为对统治者'不信服的表示'的可能性。服装显示该时代的民族性和国家的统治构造，这不仅仅是北魏唯一的时代现象。佛教造像这一宗教活动被利用为向统治者表示意愿的一个'场所'，供养人像这一图像功能是其表现方法"[1]。

也正因为服饰在中国古代有如此重要的意义，因此，"苏武入匈奴，终不左衽；赵他入南越，箕踞椎髻，汉朝称苏武而毁赵他"[2]。在各个新建王朝服制改革过程中，经常会出现一些强烈的反对或抵抗等事件，尤其是在非华夏民族建立政权的情况下，反抗行为可能会表现得更加激烈，而这种反抗情绪无疑在一定程度上体现了人们的民族情感及认同倾向。我们比较熟悉的是清朝的剃发令引起的风波。从清初入关起，满族统治者就强调天下应当"剃发易服"，以表示遵从大清正统，这也说明在满族人的心目中，服饰与发型也是王朝认同的一种标志，当然这种想法也许是他们受到汉族政治观念的影响，才意识到"改正朔，易服色"对政治合法性的重要性。因此"明末清初，清兵杀进中原，汉人为君父而做的抵抗没有多少，但因为剃头和易服却进行了激烈的抗争。国土沦亡、君父诛杀、朝代更迭带来的翻天覆地的变化，都没有像改穿衣服和剃头这样的小事能引发百姓心理上的失衡。同样，满清朝廷也在这些看似小事的方面更较真，'留发不留头'，一点通融也没有"[3]。这种现象可以是佛教造像中"（供

---

① 〔日〕石松日奈子撰《中国佛教造像中的供养人像——佛教美术史研究的新视点》，牛源译，《中原文物》2009 年第 5 期。

② 王充撰，张宗祥校注《论衡校注》卷 15《谴告》，上海古籍出版社，2013，第 297 页。

③ 锐圆：《这样读"资治通鉴"》，河南文艺出版社，2010，第 102 页。

养人）通过对服饰……的描绘，可以清楚地反映供养人的性别、族群系属……社会地位，这些都是认同建构的核心要素"① 最好的解释，而且在现代社会，服饰在一定程度上与一个群体也有密切的关系，比如，20 世纪八九十年代流行的一首歌的歌词"洋装虽然穿在身，我心仍然是中国心"，将"装"与"心"联系在一起，从另外一个方面说明服饰的确能体现一个人的民族特征，以及对某一群体的认同与归属。

虽然，在现代社会中，服饰作为民族认同、民族界限的标志已经有所弱化，但是，从古代帝王以"改正朔，易服色"的方式试图改变民众的认同，以及自古观念中的胡族"披发左衽"，汉族"褒衣博带"的固有认识，可见在中国古代，服饰在一定程度上成为一个民族或政权的边界表征，那么对服饰的选择在一定程度上就体现了民族认同。

二　姓氏

除服饰之外，姓氏在古代也是判定族属的重要标准之一。姓氏制度并不单纯是一种名号制度，而是与当时的政治制度、经济关系、家族形态、社会心理、礼俗特征等各个方面都有密切的联系。在古人看来，"姓所以有百者何？以为古者圣人吹律定姓，以纪其族"，"人之所以有姓者何？所以崇恩爱，厚亲亲，远禽

---

① 王静芬撰《族性与认同——南北朝时期作为佛教艺术供养人的北方游牧民》，郑杰译，《西北民族论丛》2014 年第 10 辑，第 365～400 页。

兽别婚姻也"①，"姓所以别婚姻，故有同姓、异姓、庶姓之别"②。"姓则表其所由生，氏则记族所由出，其大略然也"③，因此姓氏与宗族、婚姻联系在一起。但随着国家的产生，社会分化为不同的阶级，出现不同的阶层，姓氏的意义很快突破"别婚姻"的局限，而被赋予区分社会等级、体现社会成员尊卑贵贱的特殊政治功能。姓氏的尊卑贵贱等级之分，主要表现在如下三个方面，"其一，某些姓氏的起源，与姓氏家族的政治身份及社会地位有直接的渊源关系；其二，天子、国姓在姓氏系统中享有神圣的至尊地位；其三，以现实官位权力大小划分姓氏的高低等差"④。

由此可知，姓氏在中国古代成为族群认同的一种文化符号，亦成为人们获得合法身份的一种象征符号，另外，姓氏在宗族观念的发展和宗族组织的建构中，是一种可资利用的文化符号，姓氏的改变更表现出人们面对具体社会情境所做出的策略性选择，是人们对文化资源的合理巧妙利用。正如陈连庆先生所说，"姓氏对历史研究的作用至少有三：一是对史实的考证。特别是在民族关系复杂的历史时期，对政权、战争的民族属性判断，首先是要弄清人物的族属，而姓氏则是判断族属的重要根据……二是有助于民族史的研究，可以由姓的发展变化渊源，推知其族属，探寻出其族的历史变化……三是有助于文

---

① 陈立著，吴则虞点校《白虎通疏证》卷 9《姓名》，中华书局，1994，第 401页。
② 郑樵著，王树民点校《通志二十略·氏族略》，中华书局，1995，第 2 页。
③ 《魏书》卷 113《官氏志》，第 3005 页。
④ 黄修明：《中国古代姓氏文化变革中的社会政治因素》，《西南民族学院学报》（哲学社会科学版）2000 年第 6 期。

化史的研究。我国古代文化是各民族共同创造的，汉族与其他民族的文化交流是双向交流，但有关历史文化的记录多体现在历史人物身上，因此只有从姓氏判断出人物的族属，才能弄清文化的民族渊源"①。故自古以来姓氏中本身存在一定的认同因素，而这些姓氏与各民族联系起来时，对姓氏变革，经由姓氏进行的族源追溯，又使得姓氏中的认同展现出民族因素，即体现民族认同现象。

从这些论述可以看出学术界无论从理论上还是实践上，都认可姓氏在研究民族史上的重要地位。

几千年来，中国人的姓氏一直起着别婚姻、分贵贱、辨亲疏、团结同姓、巩固宗法制大家族的作用。正因为如此，姓氏研究也得到了学者的重视，也多有学者从姓氏的变化情况来研究十六国北朝时期内迁民族的汉化，以及汉人胡化的情况。马长寿先生《碑铭所见前秦至隋初的关中部族》一书通过造像题记中体现的姓氏等内容，分析与印证中古时期关中各族的族属渊源、姓氏变迁、分布、通婚及融合等问题；周伟洲先生也通过姓氏并结合相关史料研究十六国北朝时期的民族史②，同时，周先生也利用造像资料探讨氐、羌民族在关中、陇右地区与汉族错居杂处及与汉族融合的状况③；何德章先生利用北朝墓志资料

---

① 陈连庆：《中国古代少数民族姓氏研究》，吉林文史出版社，1993，前言第6页。
② 周伟洲：《关于云岗石窟的〈茹茹造像铭记〉——兼谈柔然的名号问题》，《西北大学学报》（哲学社会科学版）1983年第1期；周伟洲：《北周莫仁相、莫仁诞父子墓志释解》，《考古与文物》2013年第1期。
③ 周伟洲：《论魏晋南北朝时期北方的民族融合》，《社会科学战线》1990年第3期。

所反映的姓氏变迁情况研究拓跋鲜卑等族的汉化[1]。这一切都说明，在中国古代姓氏与民族身份有千丝万缕的联系。因姓氏在判定族属、研究民族认同中的重要作用，故本书基于造像中出现的供养人形象以及题记资料，在胡服、汉服、胡姓、汉姓判定的基础上，主要对造像中供养人姓氏、服饰中体现的民族认同进行探讨。

---

① 何德章：《鲜卑族的汉化北朝鲜卑族人名的汉化》，《魏晋南北朝隋唐资料》，1996；何德章：《伪托望族与冒袭先祖——以北族人墓志为中心》，《魏晋南北朝隋唐资料》，2000；何德章：《北魏迁洛后鲜卑贵族的文士化》，《魏晋南北朝隋唐资料》，2003。

官方造像中的民族认同

　　佛教自两汉之际传入中国，经过十六国时期各个政权的支持与鼓励，在中原地区得到了长足的发展。

　　北魏建国之初，对佛教知之甚少，国人或未闻佛法，或闻之而不信。太祖拓跋珪在平定中山、经略燕赵过程中，与佛教接触越来越多，虽因战事，无暇专注于佛事，但对佛教寺塔及僧侣颇多礼敬，并曾向泰山僧朗致书赠物。天兴元年（398），北魏建都于平城（今山西大同），始营建寺塔，剃度僧尼，此为北魏官方奉佛之始。太延五年（439），太武帝拓跋焘灭北凉，统一中原北方，尽迁凉州僧尼及工匠至平城，北魏佛教由此大盛。

　　"魏先建国于玄朔，风俗淳一，无为以自守，与西域殊绝，莫能往来。故浮图之教，未之得闻，或闻而未信也。及神元与魏、晋通聘，文帝久在洛阳，昭成又至襄国，乃备究南夏佛法之事。"① 登国元年（386），拓跋珪复兴代国，不久改国号为"魏"。"太祖平中山，经略燕赵，所迳郡国佛寺，见诸沙门、道士，皆致精敬，禁军旅无有所犯。帝好黄老，颇览佛经。但天下

---

　　① 《魏书》卷114《释老志》，第3030页。

初定，戎车屡动，庶事草创，未建图宇，招延僧众也"①，"天兴元年，下诏曰：'夫佛法之兴，其来远矣。济益之功，冥及存没，神踪遗轨，信可依凭。其敕有司，于京城建饰容范，修整宫舍，令信向之徒，有所居止。'是岁，始作五级佛图、耆阇崛山及须弥山殿，加以缋饰。别构讲堂、禅堂及沙门座，莫不严具焉。太宗践位，遵太祖之业，亦好黄老，又崇佛法，京邑四方，建立图像，仍令沙门敷导民俗……太延中，凉州平，徙其国人于京邑，沙门佛事皆俱东，象教弥增矣"②。

其间虽然曾出现太武帝灭佛一事，但此后北魏诸帝对于佛教多持推崇态度，5世纪中叶以后，北魏佛教达到顶峰，平城和洛阳先后成为中原北方地区的佛教文化中心。官方设立专门机构负责管理佛教事务，四方高僧云集国都，译经注疏，授徒讲学盛极一时。据史料记载，其境内佛寺与僧人数量已经分别达到"四十千寺""二百多万众"③，与此同时，佛教造像之风盛行。

上起皇室，下至普通百姓，建塔立寺、开窟造像蔚然成风。在中国佛教造像的台座或背面常看到表现为捧花或持香炉的供养人像，由比丘或比丘尼为先导。"在中国，从公元5世纪中期开始出现世俗供养人像，皇帝供养人像到公元6世纪初以后才在龙门石窟宾阳洞和巩县石窟等地出现。可能是中国北魏平城时期有将皇帝视为如来的思想，所以皇帝供养人像出现的时间比较晚一些。"④本书所指的供养人像大多为着世俗服装的在家信徒，造

---

① 《魏书》卷114《释老志》，第3030页。
② 《魏书》卷114《释老志》，第3030页。
③ 慧皎撰，汤用彤校注《高僧传》卷8，中华书局，1962，第640页。
④ 〔日〕石松日奈子撰《中国佛教造像中的供养人像——佛教美术史研究的新视点》，牛源译，《中原文物》2009年第5期。

像旁边多刻有"××供养"或"××供养佛时"的榜题。所谓"供养"，是指向佛像献水、饰鲜花、焚香、燃灯、礼拜等宗教行为，也指捐赠布施佛塔或佛像、土地、僧房等的活动，以及精神上的崇敬态度。而进行这种供养的佛教信徒就是供养人。供养人即出资开窟塑像画壁画的功德主，洞窟完成之后，功德主的形象——被刻画在洞窟里，表现他们对佛陀的恭敬虔诚和藏在心里的善良愿望。他们与石窟的关系是互相依存，没有功德主就没有石窟，没有石窟也就不存在供养人画像。因此，供养人原本是参与各种宗教活动的人物，可是在很多佛像作品中他们的形象被镌刻其上成为佛像作品构成的一部分。"与佛像相比，佛教石窟中的僧侣或信徒、供养人造像，其装束更能直接反映当时各个阶层尤其是皇室官贵等统治阶层成员的衣着情况。"① 佛教石窟供养人像都是俗人的形象，多数是各石窟所在地人们的生活着装等的真实反映，是研究中国服饰的宝贵史料，同时也反映了供养人一定的身份认同。

除了供养人像之外，也出现了许多造像记，"当时人们刻在各种类型的佛教（含少时道教）造像上的铭文，即造像记，至今仍保存不变，这些造像记就是反映他们心声的珍贵资料"②。"造像记之所以珍贵，一是它的直接性。它是造像当事人主观心愿与认识的直接与真实的吐露，非如文献记载要经过文人的过滤与转述，真实地向后人展示了这一时期人们信仰与思想的某些侧面。"③ "尽

---

① 张金龙：《北魏政治史（7）》，甘肃教育出版社，2001，第 415 页。
② 侯旭东：《五六世纪北方民众佛教信仰——以造像记为中心的考察》，社会科学文献出版社，2015，第 4 页。
③ 侯旭东：《五六世纪北方民众佛教信仰——以造像记为中心的考察》，第 9 页。

管造像记反映的不是人们信仰与追求的全部，但至少为今人提供了领略民众心灵世界风貌的一个'窗口'，透过它，多少可以了解他们内心世界的部分情况。"① "造像记记述的是大的时代风尚下个人或群体的信仰与信仰活动，是社会中个人思想活动具体而微的展现，众多造像记则拼合出这一时期民众思想与行为的缩影"②。

云冈石窟与龙门石窟是北魏时期由官方主持开凿的两座大型石窟，留存有大量的佛教造像题记、供养人形象，供养人像是北魏时期佛教美术中的常见题材，其目的是记录捐赠造像的事实，同时也显示皇帝臣民和国家成员的自我存在，这些遗存在一定程度上反映当时供养人的民族认同，因此，笔者试图对这些内容进行详细考察，并探查其形成的政治和社会背景，从而全面阐述云冈石窟造像中所反映的北魏政权上层人士民族认同的基本面貌。

一 云冈石窟造像中的民族认同

佛教自两汉之际传入我国，十六国北朝时期受到各政权统治者的崇信与扶持，成为极具影响力的宗教。随之而来的是开窟造寺之风盛行，石窟寺的开凿起源于古代印度。由于佛教提倡隐修，所以僧侣们一般选择在远离尘世喧嚣的幽静之地开凿石窟。云冈石窟是我国第一所由皇室经营的国家级大型石窟，修凿于和平初年（460）："和平初，师贤卒。昙曜代之……帝后奉以师

---

① 侯旭东：《五六世纪北方民众佛教信仰——以造像记为中心的考察》，社会科学文献出版社，2015，第9页。

② 侯旭东：《五六世纪北方民众佛教信仰——以造像记为中心的考察》，第24页。

礼。昙曜白帝，于京城西武州塞，凿山石壁，开窟五所。"① 故而，云冈石窟大多属于北魏时期建造，虽然曾经在辽金时期进行过少量补修，因此，此石窟可称为北魏王朝历史的见证者，更是北魏时期尤其是孝文帝迁都洛阳之前官方石窟的代表性作品之一。

"云冈石窟初期的昙曜五窟中没有出现供养人像，是因为大家都知道五窟是在皇帝的认可下由昙曜负责营建的纪念碑性造像。但是到了云冈中期出现了供养人像。供养人像在云冈石窟中的出现到底意味着什么呢？那么供养人穿着鲜卑族风俗色彩浓厚的胡服，似乎故意彰显胡族的身份。此外在云冈，佛传图和本生图等，本来应该表现为西方风俗的佛教主题造像中，也出现有胡服。"② 所以在这部分主要从造像中供养人服饰以及姓氏的变化来探讨其中所反映的供养人的民族认同。

云冈石窟虽然仅存 28 处题记，但留存大量的供养人造像。这也是中国早期佛教造像的特点，即造像多，题记少。宿白先生根据造像样式、造像内容、石窟形制发展等因素，将云冈石窟造像分为三期。第一期（460～465），包括第 16、第 17、第 18、第 19、第 20 窟；第二期（465～494），包括第 1、第 2、第 3、第 5、第 6、第 7、第 8、第 9、第 10、第 11、第 12、第 13 窟；第三期（494～534），主要位于第 20 窟以西，第 4、第 14、第 15 窟，第 4～6 窟及第 11 窟往西的小洞。此外，第一、

---

① 《魏书》卷 114《释老志》，第 3037 页。
② 〔日〕石松日奈子撰《北魏佛教造像史研究》，筱原典生译，文物出版社，2012，第 101 页。

第二期也有多处第三期补刻的内容。为了行文方便，本书也使用宿白先生的分期，对云冈石窟造像中供养人形象进行归纳与分类。

云冈第一期供养人造像：除第 17 窟有 4 处汉服供养人，第 19 窟有 5 处汉服供养人，第 20 窟有 1 处汉服供养人外，其余皆为胡服供养人。

云冈第二期供养人造像：除第 9 窟有 3 处汉服供养人，第 11 窟有 1 处胡、汉服混杂供养人之外，其他石窟或无供养人造像，或皆为胡服供养人。

云冈第三期供养人造像：所有供养人造像皆为汉服。

从这些供养人造像中可以看出，在云冈石窟的第一、第二期造像中供养人的服饰以胡服为主，只掺杂较少量的汉服供养人造像，但是在第三期石窟造像中，目前所见的供养人服饰皆为汉服。

云冈石窟虽然存在大量的供养人造像，但其中有题记的造像比较少。在此，将目前收集到的供养人造像以服饰、姓氏为标准分为两类：胡、汉服供养人造像与胡姓供养人造像。

（一）造像中的服饰与民族认同

据笔者统计，云冈石窟中的供养人造像中的服饰主要有三种情况：胡服供养人造像，胡、汉服混杂供养人造像，汉服供养人造像。

1. 胡服供养人造像

云冈石窟虽然留存 103 处胡服供养人造像，但是包含题记的甚少，供养人和题记皆有的则更少。在此，选取其中包含供养人及题记的造像，以便通过题记研究供养人族属，在族属的基础上结合供养人服饰分析其认同。

胡服供养人造像分为三种：胡服汉姓供养人造像、胡服胡姓供养人造像及胡服族属不详供养人造像。

第一类，胡服汉姓供养人造像共 1 处。

第 11 窟明窗东侧周氏造像①，太和十九年（495）（图 1），造像台基左右各两身比丘，两身胡服供养人。左侧男胡服供养人头戴尖顶遮耳长帽，身穿夹领、小袖、短袍、长裤式胡服，脚蹬长靴。右侧女胡服供养人头戴尖顶凹陷式遮耳长帽，身穿夹领、小袖、长褥式胡服（脚部不明显）。

第二类，胡服胡姓供养人造像共 1 处。

第 11 窟东壁侯后云造像②（具体年代不详）（图 2），台基左侧可辨识一身比丘，右侧刻一身比丘，四身胡服女性供养人，她们头戴鲜卑遮耳长帽，穿夹领小袖式上衣与长裙，面朝佛像，双手合十作揖。

此造像中出现的"侯后云"极有可能是鲜卑民族。孝文帝曾将"胡古口引氏，后改为侯氏"③。而且云冈石窟所在地平城一带也是拓跋鲜卑的主要活动中心，故此处侯氏应为鲜卑姓氏。

第三类，胡服族属不详供养人造像共 3 处。

---

① 〔日〕水野清一、长广敏雄：《云冈石窟》卷 8，京都大学人文科学研究所，1951，第 8 页。
② 〔日〕水野清一、长广敏雄：《云冈石窟》卷 8，第 11 页。
③ 《魏书》卷 113《官氏志》，第 3008 页。

图1　周氏造像　太和十九年（495）
云冈石窟　第11窟明窗

图片来源：《云冈石窟》。

图2　侯后云造像（具体时间不详）
云冈石窟　第11窟东壁

图片来源：《云冈石窟》。

第11窟东壁邑义信士女五十四人造像①（图3），太和七年
（483），左侧三身比丘带十七身男胡服供养人，右侧三十七身女
胡服供养人。第11窟南壁清信女造像②（具体时间不详），台基
左侧五身男胡服供养人，右侧五身女胡服供养人。第17窟明窗
东侧比丘尼惠定造像③，太和十三年（489），台基左右各四身胡
服供养人。

以上三类造像中，胡服族属不详供养人造像以及胡服胡姓侯
后云造像皆为第二期造像（即建造时间为孝文帝服制改革前），

①　〔日〕水野清一、长广敏雄：《云冈石窟》第8卷，京都大学人文科学研究所，
1951，第29页。
②　〔日〕水野清一、长广敏雄：《云冈石窟》第8卷，第25页。
③　〔日〕水野清一、长广敏雄：《云冈石窟》第12卷，第10页。

**图3 邑义信士女五十四人
造像龛 太和七年**

图片来源:《云冈石窟》。

故而,这些造像中出现的人物皆着胡服;周氏造像建造年代为太和十九年(495),虽然建造时孝文帝已经开始其汉化改革,但是规定具体服制时间则是太和二十年(496),故周氏虽为汉人,但也是以胡服来展现自己的形象。

如前所述,侯后云造像中侯氏应为鲜卑姓氏,属于与华夏民族相对应的胡族,因此,造像中供养人身着胡服是非常自然的现象,这一行为表达了鲜卑民族对其民族归属的认同与骄傲,同样,胡服族属不详供养人造像,也传达了同样的含义。但是,在周氏造像中,身为汉人的周氏在供养人造像中也以胡服展现自己的形象,"本应是汉族的供养人像却穿着胡服,这种难以理解的情况到底意味着什么?供养人像不仅代表的是佛教信徒这一宗教性意义,而且也是反映某种社会性意义和功能的图像。进一步说,伴有这种供养人像的佛像,不仅有其宗教性意义,同时也有其现实的社会性意义"①。

细究之下,周氏造像中的汉人胡服现象的原因可能是他身处鲜卑等民族居多的生存环境之中,但是,在一个比较个性表达的造像中他仍以这种形象示人,同时也说明了汉人周氏对鲜卑政权

---

① 〔日〕石松日奈子撰《中国佛教造像中的供养人像——佛教美术史研究的新视点》,牛源译,《中原文物》2009年第5期。

的认同，以及对非华夏民族即胡族的认同："他们虽然是从佛教信仰出发，但实际上极具政治性和社会性的意义、目的和功能。以胡服表现的供养人像意味着他们是鲜卑国家理想的臣民像，具有表示向统治者顺从意志的功能。"① 当然这种认同也许有迫不得已的因素："被统治的汉族要想在胡族政权下得以生存，就必须尊重统治者鲜卑族的风俗。同时也表明了在推行汉化政策的480年代以前的时候，北魏还是极力鼓励'胡'风的，'被胡俗化的汉文化和佛教文化'很盛行。胡服孝子图、东王公、西王母以及胡服的佛教说法图、维摩像等即是其例。"② 虽然北魏政权并非如石松日奈子所说，480年以前极力鼓励胡风，但是"胡风国俗，杂相糅乱"③ 也是当时的一个真实状况。因此"云冈石窟等的北魏平城时代的供养人像，汉族姓名的供养人也都以胡服像表现。这可能是象征'统治者是鲜卑，被统治者是汉族'的北魏国家的支配结构"④。

2. 胡、汉服混杂供养人造像

云冈石窟第11窟东壁邑义信士女五十四人造像龛右下方一造像龛⑤（具体时间不详）（图4），其佛像下侧左右各有十身胡、汉服混杂的供养人。左侧两身比丘，七身男胡服供养人，此

---

① 〔日〕石松日奈子撰《中国佛教造像中的供养人像——佛教美术史研究的新视点》，牛源译，《中原文物》2009年第5期。

② 〔日〕石松日奈子撰《中国佛教造像中的供养人像——佛教美术史研究的新视点》，牛源译，《中原文物》2009年第5期。

③ 《南齐书》卷57《魏虏传》，第990页。

④ 〔日〕石松日奈子撰《云冈第11窟太和七年邑义造像和武州风石窟寺的变化》，《2005年云冈国际学术研讨会论文集·研究卷》，第303页。

⑤ 〔日〕水野清一、长广敏雄：《云冈石窟》第8卷，京都大学人文科学研究所，1951，第29页。

外，最后一人服饰是以宽袖、长袍为特征的褒衣博带式汉服。右侧八身比丘，两身女性胡服供养人。

图4 胡、汉服混杂造像（具体时间不详）云冈石窟第 11 窟东壁

图片来源：《云冈石窟》。

此造像中，值得我们注意的一个问题是各类人物的站位顺序，在比丘与供养人的站位上，比丘在前，世俗供养人在后。在中国古代传统文化中，前尊后卑是一种习见的现象，这种安排体现了创作者的时代与阶级背景和对佛教的理解。在信徒的心中，佛教及佛祖是至高无上的，身为佛教出家人的比丘，其地位也是高于一般世俗供养人的，这表达了世俗供养人对佛教以及比丘的尊崇。但是，在胡服供养人与汉服供养人的站位中，左侧供养人前七个皆为胡服供养人，最后一个为汉服供养人，这种站位顺序也应该有一定的意味，它在一定程度上反映了特定的尊卑及民族观念。正如一些学者所说，造像供养人"通过对服饰、发型、物件以及空间结构的描绘，可以清楚地反映供养人的性别、族群系属、亲属关系、职业以及社会地位"，"综观佛教艺术品中可对游牧族群供养人的可视化表现形式，大量的例子说明了供养人们通过众多元素来构建和推广他们的族性和社会认同，包括：服饰、姓名、等级、社会地位、地理位置以及人们所属的社会和宗教群体（如家庭、支系、虔信群体）"①。

不仅前后的方位有尊卑意味，在中国古代，人们也赋予左与右方位以丰富的社会内容，形成了尚左或尚右的观念，成为用以反映社会中人或事物上下、尊卑、高低差别的一种方式，然尚左、尚右，诸家众说纷纭，而且各朝各代时有变化。

清代学者赵翼曾对左右做了比较详尽的考证："两汉尊右卑左，久为定制。"② 有学者对此提出异议，认为"事实却不尽如此。东汉姑且不论，尊右尊左的问题，在西汉时也不是固定不变的，而是随着时间的推移，帝王的更迭，封建王朝中权力的再分配等诸多因素，而有着或'尊右'或'尊左'的差异。简言之，西汉二百多年的封建王朝的统治，朝臣班次的尊卑情况，从时间的前后看，是前期尊右，后期尊左"③。"至汉以后改从尚左，则不知始于何时"，"唐时朝制尚左，尤有明证"，"至有元一代之礼，则皆尚右"，"今之尚左，则自汉太祖始"④。

由此可知，在十六国北朝时期，当时的习俗也是尚左，而且这种状况在供养人造像中也得到了充分的体现，在云冈石窟供养人造像中，无论胡服供养人还是汉服供养人，男性都在左侧，而女性都在右侧，而在胡汉服混杂的造像中，胡服供养人在左，汉

---

① 王静芬撰《族性与认同——南北朝时期作为佛教艺术供养人的北方游牧民》，郑杰译，《西北民族论丛》2014 年第 10 辑。
② 赵翼撰，曹光甫校点《陔余丛考》卷 21 "尚左尚右"条，上海古籍出版社，2011，第 369 页。
③ 姚国旺：《西汉官制尊右尊左考》，《历史研究》1987 年第 3 期。
④ 赵翼撰，曹光甫校点《陔余丛考》卷 21 "尚左尚右"条，第 369 页。

服供养人在右。故自古以来的方位尊卑习俗，使我们从胡、汉服混杂造像中胡前汉后的站位方式中窥视出当时上层社会的尊卑顺序与民族认同倾向。

此造像位于第二期石窟，即孝文帝进行汉化改革之前。北魏建国后，其政权中的许多鲜卑君臣虽然已经意识到接受汉文化的重要性，但是在情感上又不愿彻底改变鲜卑族的文化和习俗，故而形成了"胡风国俗，杂相糅乱"① 的局面，当时鲜卑族以及其他非华夏民族势力比较强，因此，整个社会胡族文化应该处于上风。

那么，在造像中出现的胡前汉后的现象应属当时北魏上层社会尊崇胡族现象的正常反映，是对尊卑顺序与民族认同中趋向胡人的生动表达。

而且同一窟中，即第 11 窟东壁最上层的邑义信士女五十四人造像龛保存有太和七年（483）的题记（图 5），在题记左右两侧雕有四个比丘像和"邑师法宗""邑师昙秀""邑师普明"的榜题，其两侧有四段按男女分别刻出胡服的供养人列像。这些"着鲜卑服的供养人像，表现佛教信徒形象的同时，也表示自己是属于推崇跟佛陀同等的皇帝的鲜卑国家的成员"②。说得更明确一点，那就是穿着此服装就意味着你对此服装的民族属性的认同，也就是说它体现了一种民族认同。

① 《南齐书》卷 57《魏虏传》，第 990 页。
② 〔日〕石松日奈子撰《云冈第 11 窟太和七年邑义造像和武州山石窟寺的变化》，云冈石窟研究院编《2005 年云冈石窟学术研讨会论文集》。

图5　邑义信士女五十四造像人龛题记　太和七年

图片来源：〔日〕石松日奈子：《云冈第11窟太和七年邑义造像和武州山石窟寺的变化》一文，刊于云冈石窟研究院编《2005年云冈石窟学术研讨会论文集》。

3. 汉服供养人造像

云冈石窟中汉服供养人造像共71处，主要出现于第三期石窟，以及第三期对第一、第二期石窟的补刻造像中。这些造像题记较少，其中含题记的供养人造像主要分为三类：汉服胡姓供养人造像、汉服汉姓供养人造像及汉服族属不详供养人造像。

第一类，汉服胡姓供养人造像共1处：第19窟B窟后壁元三造像，延昌四年（515）（图6），台基左右各有四身供养人，两侧第一身均为比丘，后三身为汉服的供养人。

第二类，汉服汉姓供养人造像共1处：第38窟外壁上部吴氏造像（具体时间不详）（图7）。台基左右各四身供养人。两

---

① 〔日〕水野清一、长广敏雄：《云冈石窟》第13卷，京都大学人文科学研究所，1951，第107页。

图6 元三造像①   延昌四年（515）
云冈石窟   第19窟B窟后壁

图片来源：《云冈石窟》。

侧第一身为比丘，左侧三身为男性汉服供养人，右侧为女性汉服
供养人。

第三类，汉服族属不详供养人造像共5处。

第35窟门口东侧常主匠造像，延昌四年（515）（图8），台基
右侧三身比丘，左侧两身汉服供养人。

第4窟南壁为亡夫造像①，正光年间（520～523），台基左

————————————

① 〔日〕水野清一、长广敏雄：《云冈石窟》第1卷，京都大学人文科学研究所，
1951，第103页。

图 7　吴氏造像（具体时间不详）云冈石窟　第 38 窟外壁

图片来源:《云冈石窟》。

侧一身汉服供养人，右侧两身汉服供养人。

第 30 窟前室北壁刘大□造像①（具体时间不详），台基左右各五身汉服供养人。

第 39 窟法玉造像②（具体时间不详），台基两侧各四身汉服供养人。

第 35 窟门口东侧王乙造像③（具体时间不详），台基刻十二身汉服供养人。

此部分造像按照宿白先生的分期标准来看均为孝文帝汉化改

---

① 〔日〕水野清一、长广敏雄:《云冈石窟》第 15 卷，京都大学人文科学研究所，1951，第 69 页。
② 〔日〕水野清一、长广敏雄:《云冈石窟》第 15 卷，第 85 页。
③ 〔日〕水野清一、长广敏雄:《云冈石窟》第 15 卷，第 73 页。

**图8　常主匠造像　延昌四年
（515）云冈石窟
第35窟门口**

图片来源:《云冈石窟》。

革之后建造，这种现象的出现已如佛像的褒衣博带一样，"是与孝文帝太和十年至十九年的服制改革相呼应的"①。

此时期存在胡姓、汉姓及族属不详汉服供养人，同时还有64处汉服供养人未刻造像记。

从宿白先生的分期上看，在云冈石窟的三期造像中，胡服供养人主要出现于第一、第二期造像中，而在第三期造像中，汉服供养人造像数量迅速增多，即造像在第三期时，出现由胡服向汉服过渡的一个巨大转变。不仅如此，云冈石窟"佛教的服装，在第二期晚期也换上了新型的'褒衣博带'式的样式"②，在这些造像中，无论供养人是汉人还是胡人，在供养造像时均愿意以汉服来表达自己。汉姓供养人在造像中使用汉服展现自己，体现了其对本民族文化的认同，胡姓供养人在造像中使用汉服，既表达了其对孝文帝汉化改革的支持，同时也表达了其对汉文化的接受与认同。

（二）造像中的姓氏与民族认同

云冈石窟佛教供养人造像题记中保留了许多当时的姓氏资

① 宿白:《云冈石窟分期试论》,《中国石窟寺研究》,文物出版社,第79、80页。
② 宿白:《云冈石窟分期试论》,《中国石窟寺研究》,第79页。

料，这些姓氏在一定程度上反映了当时各民族之间的认同。

云冈石窟的供养人造像中保留有题记的情况主要出现在中期，因此，题记中的姓氏，大多是孝文帝改革之后的单字姓氏，但是，也有一些特殊情况。

第 11 窟贺若步洛敦造像，开凿于太和二十年（496）。其题记载："太和二十年（496）佛弟子贺若步洛敦发心造多宝佛一区"①。

史书载："（太和二十年）春，正月，丁卯……魏主下诏……诸功臣旧族自代来者，姓或重复，皆改之。"② 太和二十年春正月丁卯，即当年的正月初三③，孝文帝就下诏改革姓氏，但是贺若步洛敦造像中仍出现鲜卑姓氏"贺若氏"。出现这种现象的原因可能很多，一是此造像完成的时间有可能与孝文帝下诏改革姓氏的时间相同，或略前一些，还来不及将"贺若氏"改掉，但是从孝文帝下诏的时间是正月初三看，这种可能性不是太大；二可能是政策执行的滞后性，一般说来政策的颁布到执行，往往需要一定的时日，故题记中仍保留了"贺若"这一胡人复姓；第三个原因，也是可能性最大的原因，政策的优容性，即如史书明确记载"贺若氏，依旧贺若氏"④，也就是说，当时孝文帝进行姓氏改革时，允许贺若氏保留原有的胡族姓氏，但并没有明示依旧保留贺若氏这一胡族姓氏的原因。

---

① 〔日〕水野清一、长广敏雄：《云冈石窟·云冈金石录》，京都大学人文科学研究所，1951，第 4 页。
② 《资治通鉴》卷 140 "齐明帝建武三年"，第 4393 页。
③ 王双怀主编《中国日历通典》，吉林文史出版社，2006，第 2283 页。
④ 《魏书》卷 113《官氏志》，第 3008 页。

　　《通志》曾对此现象进行解释：贺若氏"代居玄朔，随魏南迁，北俗谓'志正'为'贺若'，因以命氏。孝文时代人咸改单姓，惟贺若氏不改，远祖达罗安乐王"①。岑仲勉先生认为"《通志》之'志正'，当'忠贞'之讹"②。

　　不仅保留旧有姓氏，孝文帝在进行汉化改革时，其他的优容现象从史书中也能找到相关的记载："初，高祖迁洛，而在位旧贵皆难于移徙，时欲和合众情，遂许冬则居南，夏便居北。"③说明当时孝文帝的妥协与让步在许多方面存在。

　　为了适应北魏当时的政治形势，孝文帝进行汉化改革，在一定程度上缓解了胡、汉之间的矛盾，促进了鲜卑的汉化以及鲜、汉民族之间的融合，稳定与巩固了北魏政权的统治。不过从为了表彰贺若氏的忠贞而允许其保留胡姓这一行为可以看出，孝文帝在改革遇阻之时处理问题的灵活以及对鲜卑贵族的迁就，也在一定程度上反映了部分鲜卑民族心目中坚持着对本民族的认同以及对汉化政策的抵制。但是，我们绝不能否认孝文帝的汉化措施在一定程度上起到缓和胡、汉之间的矛盾，促进双方民族认同的作用。

　　综上所述，云冈石窟供养人造像在服饰上存在较为明显的变化。云冈石窟第一、第二期供养人造像主要穿着胡服，在第二期供养人造像中出现了胡、汉服混杂的现象，虽然这一期造像修凿在汉化改革之前，但是在官方造像中出现胡、汉服造像混杂现象，一是因为随着北魏政权的发展，吸纳的

---

① 郑樵撰，王树民点校《通志二十略·氏族略》，中华书局，1995，第175页。
② 林宝撰，岑仲勉校记《元和姓纂附四校记》卷9，中华书局，1994，第1317页。
③ 《魏书》卷15《元晖传》，第378页。

汉族人士越来越多，造像是这种现实的反映，二也说明了胡、汉上层之间关系的融洽，由此也可以说明孝文帝汉化改革是历史的必然选择。云冈石窟第一、第二期的开凿时间基本都在494年（孝文帝汉化改革开始的时间）之前，但是到了第三期（494～534），供养人造像中胡服基本消失，代之以大量汉服供养人造像。从分期的变化中看到太和十八年（494）基本为一个转折节点，这与孝文帝的汉化改革时间相吻合，由此可见，不论北魏统治者实行改革的目的和后果如何，他们的这一改革十分明显地影响了佛教造像的风格，孝文帝汉化措施在官方层面得到一定程度的有效实施，同时也说明国家权力在一定程度上影响或支配了各民族之间的互相认同。

"龙门石窟所见袒右肩式的佛像样式承袭云冈石窟自无疑义，而龙门石窟大量出现的'褒衣博带'式的佛像样式，在云冈石窟中也是大量存在的，说明孝文帝的服制改革同时也在旧都平城地区得到贯彻"①。

只不过，在第三期造像中，虽然供养人形象都是穿着汉服，但是从姓氏看，这些供养人中不仅有汉姓，同时还存在少量胡姓，这种胡姓的存在表明孝文帝改革是有一些保留余地的，在一定程度上对顽固的改革反对派还是有一些让步的，同时也说明在鲜卑贵族的心目中更认同原本民族特色浓厚的胡姓。

---

① 张金龙:《北魏政治史（7）》，甘肃教育出版社，2011，第414页。

二　龙门石窟造像中的民族认同

为适应北魏社会发展的需要，缓和当时的阶级矛盾和民族矛盾，同时也为了与南朝汉族政权相对抗，北魏孝文帝以南下灭齐为名，于太和十七年（493）秋天，率军进驻洛阳，翌年正式宣布迁都，随着都城的迁移，平城失去了原有的优越地位，云冈石窟的大规模开凿就此终结，北魏境内开窟造像的中心转移到新的都城洛阳，从此开始了规模宏大的龙门石窟群的营造史。史载龙门石窟"初建之始，窟顶去地三百一十尺，至正始二年中，始出斩山二十三丈。至大长秋卿王质，谓斩山太高，费功难就，奏求下移就平，去地一百尺，南北一百四十尺。永平中，中尹刘腾奏为世宗复造石窟一，凡为三所，从景明元年至正光四年六月已前，用功八十万二千三百六十六"①。从北魏太和年间起，中经东魏和西魏，北齐和北周，以及隋、唐、五代、北宋和金，直至清末。1000多年间，封建统治者先后营建了大大小小的窟龛，像蜂窝一样，密布在伊水两岸、东西两山的崖壁上。其中北魏、唐朝时期造像最是繁盛。北魏一朝约开凿了其中的1/3，具体有：古阳洞、宾阳中洞、敬善寺洞、莲花洞、赵客师洞、普泰洞、魏字洞、慈香洞、药方洞、皇甫公洞等。因此，龙门石窟成为北魏迁都之后的官方代表作。

北魏孝文帝于太和十八年（494）迁都洛阳，促进和带动了

---

① 《魏书》卷114《释老志》，第3043页。

河洛地区佛教艺术的大发展。《洛阳伽蓝记·序》云:"逮皇魏受图,光宅嵩洛,笃信弥繁,法教愈盛。王侯贵臣,弃象马如脱屣,庶士豪家,舍资财若遗迹。于是昭提栉比,宝塔骈罗,争写天上之姿,竞摹山中之影。金刹与灵台比高,讲殿共阿房等壮。"①"京师表里,凡有一千余寺。"② 由此可见当时佛教及佛教艺术的兴盛和繁荣。

"在龙门石窟琳琅满目的宗教艺术雕刻中,最能直接反映当时世俗社会生活情节的,应属于那些比比皆是连缀于佛像侧旁而富有生动艺术个性的供养人造像。"③ 与云冈石窟供养人造像多、题记少有所不同,龙门石窟刻有大量题记,而这些题记为我们探讨供养人姓氏变化提供了极大的方便。

(一)造像中的服饰与民族认同

龙门石窟造像以供养人服饰可以分为两类:胡服供养人造像与汉服供养人造像。

1. 胡服胡姓供养人造像

龙门石窟仅 1 处胡服胡姓供养人造像:古阳洞北壁尉迟夫人造像④(图9)。佛像左侧两身男性胡服供养人,右侧一身女性胡服供养人。此造像也有题记:"太和十九年(495)十一月,使持节司空公长乐王丘穆陵亮夫人尉迟,为亡息牛橛请工镂石,造此弥勒像一区。"⑤ 从造像记可以看出此造像是"丘穆陵亮"的

---

① 杨衒之撰,周祖谟校释《洛阳伽蓝记校释》,中华书局,2013,第20~22页。

② 杨衒之撰,周祖谟校释《洛阳伽蓝记校释》,第23页。

③ 张乃翥:《从龙门造像遗迹看北魏世俗生活面貌》,《中州学刊》1993年第1期。

④ 刘景龙:《古阳洞:龙门石窟第1443窟》,科学出版社,2001,第61页。

⑤ 〔日〕水野清一、长广敏雄:《龍門石窟の研究》,座右寶刊行會,1941,第298页。

夫人"尉迟"为"亡息牛橛"开凿，她希望通过供养造像保佑自己的亡子。

图 9　尉迟夫人造像　太和十九年（495）龙门石窟　古阳洞北壁

图片来源：《古阳洞》。

尉迟夫人造像题记中出现两个胡族姓氏：丘穆陵氏与尉迟氏。这两个姓氏皆位列鲜卑勋臣八姓："太和十九年（495），诏曰：'……其穆、陆、贺、刘、楼、于、嵇、尉八姓，皆太祖已降，勋著当世，位尽王公；灼然可知者……'"[1] 其中的穆氏是由丘穆陵氏所改："丘穆陵氏，后改为穆氏。"[2] 尉氏则是由尉迟氏所改："西方尉迟氏，后改为尉氏。"[3] 即丘穆陵氏与尉迟氏均为鲜卑大族，在造像中使用复姓与胡服较为正常，但是，这种状

---

① 《魏书》卷113《官氏志》，第3014页。
② 《魏书》卷113《官氏志》，第3006页。
③ 《魏书》卷112《官氏志》，第3012页。

况是否与孝文帝的汉化改革有冲突？

首先，从时间上看出现这种情况是非常正常的，尉迟夫人造像时间为"太和十九年十一月"。太和十八年（494），"革衣服之制"①，至太和十九年（495）"十有二月……引见群臣于光极堂，班赐冠服"②，即太和十九年十二月才给出具体的"冠服"形制。因而，此时在造像中以胡服来表达自己的形象完全可以理解。

其次，孝文帝汉化改革中的姓氏改革开始于太和二十年（496）春，尉迟夫人造像的制作时间早于这一时间，故而造像题记中出现有胡族特征的尉迟氏是正常的。尉迟夫人造像中的胡姓胡服表明了在孝文帝汉化政策实施之前，非华夏民族从个人意愿上还是愿意穿着胡服、使用其原有的带有明显民族特色的姓氏，这显示了尉迟氏对其民族属性的认同。

2. 汉服供养人造像

龙门石窟中共有 26 处汉服供养人造像，其中汉服胡姓供养人造像有 7 处，汉服汉姓供养人造像有 7 处，汉服胡、汉姓混杂供养人造像有 1 处，汉服族属不详供养人造像共有 11 处。

第一类，汉服胡姓供养人造像。

汉服胡姓供养人造像有 7 处，这些造像中出现的姓氏均是简化之后的单姓，供养人服饰也由夹领小袖式胡服转为褒衣宽带式汉服。造像具体如下：

古阳洞元详造像，太和二十二年（498）（图 10），台基右侧

---

① 《魏书》卷 7《高祖纪》，第 176 页。
② 《魏书》卷 7《高祖纪》，第 179 页。

刻三身比丘造像,后跟四身汉服的女性供养人,四身小型持伞幡汉服仆从。左侧三身比丘,后跟五身汉服男性供养人。

古阳洞是北魏皇室宗亲在太和到景明年间,以天然溶洞为基础开窟的造像,其后又陆续两次向下挖掘扩大造像。

在古阳洞窟中出现了元氏造像,元氏是由鲜卑拓跋氏改姓而来:太和二十年(496)春正月"魏主下诏,以为:'北人谓土为拓,后为跋。魏之先出于黄帝,以土德王,故为拓跋氏。夫土者,黄中之色,万物之元也,宜改姓元氏'"①。

图10　元详造像　太和二十二年
(498)龙门石窟　古阳洞

图片来源:《世界佛教美术图说大辞典》。

古阳洞比丘法生造像(图11),景明三年(502),台基左侧刻三身比丘,一身汉服男性供养人,六身小型执伞蔓汉服供养人。右侧刻三身比丘,两身汉服女性供养人,六身小型执伞蔓汉服供养人。比丘法生就是北海王家所豢养的高僧。北海王元详,为献文帝第七子,其母是献文帝妃高椒房。题记中元氏与元详同属鲜卑族。

① 《资治通鉴》卷140"齐明帝建武三年",第4393页。

图 11　比丘法生造像　景明三年（502）龙门石窟　古阳洞

图片来源：《中国石窟雕塑全集》。

古阳洞杨大眼造像①，景明至正始年间（500～508），台基左右各有三身双手合十汉服供养人造像。杨大眼为氐族，"仇池杨氏，氐族大姓"②，且"杨大眼，武都氐难当之孙也。少有胆气，跳走如飞……太和中，起家奉朝请"③。

古阳洞史市荣造像④，正始五年（508），左侧刻一身汉服供

---

① 刘景龙：《古阳洞：龙门石窟第 1443 窟》，科学出版社，2001，第 67 页。

② 陈连庆：《中国古代少数民族姓氏研究》，吉林文史出版社，1998，第 292 页。

③ 《魏书》卷 73《杨大眼列传》，第 633 页。

④ 北京图书馆金石组：《北京图书馆藏中国历代石刻拓本汇编》，中州古籍出版社，1989，第 111 页。

养人。史市荣应为突厥族,史料载"河南史氏,本姓阿史那"①。阿史那为突厥姓氏,从阿史那改姓为史氏,又活动于河南地区这一信息,可判断史市荣应为突厥族,当然也不排除其为粟特的可能。

大佛洞刘洛真造像②,延昌元年(512),台基左右各有两身女性汉服供养人造像。刘姓在汉族以及匈奴族、鲜卑族中均有。《魏书》载"独孤氏,后改为刘氏"③;匈奴刘元海"新兴匈奴人",因汉高祖时曾"以宗女为公主,又妻冒顿,约为兄弟,故其子孙遂冒姓刘氏"④。但从"刘洛真"这一名字上,可以推测,其极有可能是鲜卑人,《南齐书》载:"国中呼内左右为'直真',外左右为'乌矮真',曹局文书吏为'比德真',檐衣人为'朴大真',带仗人为'胡洛真'……三公贵人,通谓之'羊真'。"⑤ 由此可见,"真"是鲜卑人非常喜欢使用的词,故此处刘洛真极有可能属于鲜卑族。

古阳洞齐郡王元佑造像⑥,熙平二年(517),题记右上角刻一身汉服供养人造像。元佑应为鲜卑族无疑。

药房洞路僧妙造像⑦,普泰二年(532),台基左侧有一身比丘,两身汉服供养人,右侧刻一身比丘,一身汉服供养人。

---

① 林宝撰,岑仲勉校记《元和姓纂附四校记》卷6,中华书局,1994,第822页。
② http://kanji.zinbun.kyoto-u.ac.jp/db-machine/imgsrv/takuhon/type_b/html/nan0135x.html.
③ 《魏书》卷113《官氏志》,第3007页。
④ 《晋书》卷101《刘元海载记》,第2645页。
⑤ 《南齐书》卷57《魏虏传》,第985页。
⑥ 龙门文物保管所:《中国石窟·龙门石窟》,文物出版社,1992,第148页。
⑦ 北京图书馆金石组:《北京图书馆藏中国历代石刻拓本汇编》,中州古籍出版社,1989,第162页。

路僧妙应为胡族，因路氏是十六国时期屠各常用的姓氏："黄石屠各路松多……聚众数千，附于南阳王保。"① 当然此后孝文帝改革时，也有鲜卑的没路真氏改为路氏的情况："没路真氏，后改为路氏。"② 由此可以推测此处路僧妙应为非汉民族。

从以上这些造像题记中可以得知造像中供养人为元详、元宝意、元善意、元伏荣、杨大眼、史市荣、刘洛真、元佑、路僧妙等，这些供养人均为胡族。但是，这些胡姓供养人在供养造像表达自己形象时，均选择褒衣宽带式的汉服，而且从时间上看这几处造像均制作完成于孝文帝汉化改革之后，这在一定程度上说明国家政策对民间造像的影响。供养人服饰的显著变化应该是在太和二十二年，即498年。

"太和二十二年（498）比丘慧成龛的台基部，在中央香炉的左右各表现两身跪坐合掌的供养人像，可能也是身穿胡服。特别是中央偏右的一身头戴鲜卑帽。慧成龛的如来和飞天是西方式，胁侍菩萨像却是中国式的着衣，可以说整个佛龛是从西方式向中国式过渡期的作品，不过还没有发现供养人像的中国化。但是，与慧成龛同在北壁，而且是同年供养的北海王元详龛，却在台基部出现了汉服供养人像，因此可以说，从胡服向汉服的转变发生在498年左右"③。

"在古阳洞，造像的着衣从西方式转变成中国式，但并不是所有的造像同时发生变化，其顺序为菩萨和供养人像在先，

---

① 《晋书》103《刘曜载记》，第2685页。
② 《魏书》卷113《官氏志》，第3010页。
③ 〔日〕石松日奈子撰《北魏佛教造像史研究》，筱原典生译，文物出版社，2012，第147页。

稍晚一点才是飞天和如来。西方式菩萨像以 495 年的长乐王夫人龛为代表，最晚的是 502 年高树龛和同一年的比丘惠感龛。另一方面，中国式菩萨像首次出现是 498 年比丘慧成龛和同一年的北海王元详龛。此外，509 年以后出现身穿交领大袖衣的菩萨像。供养人像也是，在 495 年长乐王夫人龛穿着的还是胡服，而在 498 年北海王元详龛却成了汉服，变化就在这一时期"[1]。

孝文帝下定决心倡导汉文化，且通过定姓族等措施来促进汉化政策的实施。不仅如此，拓跋鲜卑还将自己的祖源攀附到华夏民族的远祖黄帝："昔黄帝有子二十五人，或内列诸华，或外分荒服。昌意少子，受封北土，国有大鲜卑山，因以为号。"[2] 这一系列的政策，都有利于鲜卑民族的认同构建，"一个族群需要强调共同的起源，传说中的始祖（如汉族传说中的炎黄），或是一个重要的事件（大规模的移民或战争），成为一群人重要的集体记忆"[3]。

第二类，汉服汉姓供养人造像。

汉服汉姓供养人造像，共收集到 7 处。

魏灵藏造像[4]，景明年间（500～503），左右各有三身汉服供养人。对于这一造像有学者进行了分析："尽管一般佛经故事的情节内容带有强烈的域外宗教文化的特质，但魏灵藏

---

① 〔日〕石松日奈子撰《北魏佛教造像史研究》，筱原典生译，文物出版社，2012，第 147 页。
② 《魏书》卷 1《序记》，第 1 页。
③ 王明珂：《华夏边缘——历史记忆与族群认同》，社会科学文献出版社，2006，第 31 页。
④ 温玉成：《中国石窟雕塑全集·龙门》，重庆出版社，2001，第 19 页。

像龛这一经变图画的造像形态从情节布局到题材选择都充满了我国传统世俗文化的情调——图中人物形象及其生活用具的刻划，其实质正是对魏晋以来我国士族阶级典型生活场景的描摹与采摘。而这种生活模式亦恰是北魏晚期积极推行汉化的拓跋统治阶级梦寐追求的境界。换言之，龙门早期维摩变造像的艺术题材，正是来源于拓跋统治阶级倾心汉化者的现实生活"①。

张英周造像②，正始五年（508），右侧刻两身汉服供养人。

王方等造像③，永平三年（510），台基刻三身汉服供养人。

杜永安造像④，神龟二年（519），台基刻一身汉服供养人。

张欢□造像⑤，永安二年（529），台基左右各有一身汉服供养人造像。

李长寿造像，永安三年（530）（图12），台基右侧刻六身女供养人，前三身女供养人头发高盘为发髻，身穿宽领宽袖长袍式汉服。后三身女供养人头发盘为两个发髻，身穿宽领宽袖长袍式汉服，其形象较前面供养人小，发髻样式也为明显仆从发型，故认定其为仆从。

---

① 张乃翥：《从龙门造像遗迹看北魏世俗生活面貌》，《中州学刊》1993 年第 1 期。

② 北京图书馆金石组：《北京图书馆藏中国历代石刻拓本汇编》，中州古籍出版社，1989，第 112 页。

③ 北京图书馆金石组：《北京图书馆藏中国历代石刻拓本汇编》，第 133 页。

④ http：//kanji. zinbun. kyoto－u. ac. jp/db－machine/imgsrv/takuhon/type_ b/html/nan0202x. html.

⑤ http：//kanji. zinbun. kyoto－u. ac. jp/db－machine/imgsrv/takuhon/type_ b/html/nan0339x. html.

樊道德造像①,普泰二年(532),台基左右各一身汉服执莲蕾供养人造像。

图 12　李长寿造像　永安三年(530)龙门石窟　药方洞

图片来源:京都大学人文科学研究所所藏拓片。

这七处造像中魏灵藏、张英周、杜永安、张欢□、樊道德等供养者应为汉姓汉人,其均以汉服来展示自己的供养人形象。

在传统中国,一直存有"夷夏之辨"思想,"贵华夏贱夷狄"是其中的一个核心内容,虽然在战国时期也有"胡服骑射",此后也有中原王朝吸收部分胡族文化,但是对非华夏文化的排斥现象还是屡见不鲜,尤其是在民族矛盾比较激烈的历史时期,"夷夏之辨"是华夏民族拒斥其他民族的有力思想武器。

---

①　佛教拓片研究小组:《中央研究院历史语言研究所藏北魏纪年佛教石刻拓本目录》,永登有限公司,1991,第 132 页。

北魏时期，因其政权的建立者拓跋氏即是与华夏族相对的胡族，在这个胡族建立的政权中，胡人地位的提高在各个方面都得以体现，因此，在云冈石窟前期造像中出现的人物形象均着胡服，但是到北魏后期这一情况又有所改变，这一改变如龙门石窟造像一样，造像中供养人姓氏、服饰均出现汉化迹象，可见此时各个民族的民族属性认同有趋向汉人的苗头。

龙门石窟与云冈石窟造像中供养人姓氏、服饰发生这些变化，且时间上与孝文帝的汉化改革较为贴近，再一次说明国家政策对官方石窟造像强有力的影响。

第三类，汉服族属不详供养人造像。

龙门石窟中现存族属不详汉服供养人造像约 11 处。

比丘慧成造像①，太和二十二年（498），台基左右各有两身汉服供养人；比丘法兴造像②，永平四年（511），题记上层刻一身汉服供养人；比丘惠珍造像③，熙平二年（517），台基右侧刻一身汉服供养人；大统寺比丘慧荣造像，正光三年（522），题记左侧刻一身汉服供养人；比丘惠荣造像④，正光四年（523），题记左侧刻一身汉服供养人；比丘尼道□造像⑤，正光五年

---

① 刘景龙：《古阳窟：龙门石窟第 1443 窟》，科学出版社，2001，第 74 页。

② http：//kanji. zinbun. kyoto - u. ac. jp/db - machine/imgsrv/takuhon/type _ b/html/nan0112x. html.

③ 北京图书馆金石组：《北京图书馆藏中国历代石刻拓本汇编》（4 册），中州古籍出版社，1989，第 43 页。

④ http：//kanji. zinbun. kyoto - u. ac. jp/db - machine/imgsrv/takuhon/type _ b/html/nan0245x. html.

⑤ http：//rub. ihp. sinica. edu. tw/ ~ buddhism/main01. htm.

（524），题记左侧刻三身汉服供养人；比丘尼僧□造像①，孝昌元年（525），左右各刻一身比丘带一身汉服执莲蕾供养人；比丘尼僧达造像②，孝昌元年（525），左右各一身汉服供养人，一身执伞幡汉服仆从；比丘尼道慧法盛造像③，普泰元年（531），左右对立各刻一身汉服供养人；比丘静度造像④，普泰二年（532），题记右侧刻一身比丘，三身汉服女性供养人；比丘道仙造像⑤，永熙三年（534），题记右侧刻一身汉服执莲蕾供养人。

这些造像呈现了两个特点，一是基本上为出家者捐赠供养，而且去除原名使用法号，故不太好判断供养人的族属。虽然不能判定其族属，但是其在造像中均使用汉服来展示自己的供养人形象。二是从时间来看，这些造像均处于孝文帝汉化改革之后，使用汉服顺应了当时的历史潮流。

第四类，汉服胡、汉姓混杂供养人造像。

汉服胡、汉姓混杂供养人造像有 1 处。

释法陵造像，永平五年（512），台基左侧刻十身汉服供养人，右侧刻八身汉服供养人。题记载："永平五年正月廿日，释法陵为国并父母、师僧、善友、知识、法界众生敬造。张如

---

① http：//kanji. zinbun. kyoto - u. ac. jp/db - machine/imgsrv/takuhon/type _ b/html/nan0279x. html.

② 北京图书馆金石组：《北京图书馆藏中国历代石刻拓本汇编》（5 册），中州古籍出版社，1989，第 2 页。

③ http：//kanji. zinbun. kyoto - u. ac. jp/db - machine/imgsrv/takuhon/type _ b/html/nan0354x. html.

④ http：//kanji. zinbun. kyoto - u. ac. jp/db - machine/imgsrv/takuhon/type _ b/html/nan0360x. html.

⑤ http：//kanji. zinbun. kyoto - u. ac. jp/db - machine/imgsrv/takuhon/type _ b/html/nan0367x. html.

来……李法道、□敬遵、元□生、李卷成、□法护、孙道□、□伯方……元法郎……元迎男、元法洛、元若仁、李□奴。"① 题记中的元法郎、元迎男、元法洛、元若仁等元氏毫无疑问地可以确定为拓跋鲜卑，从中可以看出，在此造像中，无论何种族属，供养人的形象都是以汉服示人的。

总之，从服饰上，在龙门石窟造像中，无论供养人的族属原本是汉人还是胡人，都是以汉服的形象出现。从这个层面上来说，孝文帝的汉化改革是得到了非常好的贯彻的。从造像时间来看，这些汉服供养人造像都是在孝文帝服饰改革之后出现的。在云冈、龙门两个官方石窟中，孝文帝改革后出现的供养人服饰基本上都是汉服，可见孝文帝改革对官方石窟的影响程度。

在龙门石窟中还有一个值得注意的现象是，胡、汉多个民族出现在同一造像中，这在官方造像中出现的原因不应该是何兹全先生所说的"穷"："在建寺活动中，皇帝建最大的庙，大官大富建大庙，小官小富建中等寺庙或小庙。一般人民群众建不起大庙就建小庙，就造像。不能说达官大富不造像，但从造像所留下的材料看，造像常常是群体活动，许多人造一个像，一村一邑造一个像，几百人、几千人同造一个像。这里面有一代社会风气和宗教的因素，但不能否认这和造像者的经济条件有关系，甚或可以说'穷'是主要原因。"② 应该是孝文帝定姓族等一系列汉化政策在缓解胡、汉上层人士矛盾中取得了一定效果。同时也表明

---

① 〔日〕水野清一、长广敏雄：《龍門石窟の研究》，座右寶刊行會，1941，第304页。
② 侯旭东：《五六世纪北方民众佛教信仰——以造像记为中心的考察》，社会科学文献出版社，2015，序第2页。

在孝文帝的汉化改革下，非华夏民族也愿意接受汉文化，而且与汉族上层人士相处比较融洽，从而也在一定程度上表明胡、汉民族上层之间形成了一定的民族认同。

（二）造像题记中的姓氏与民族认同

1. 胡姓供养人造像题记

目前所及，龙门石窟中仅存两处胡姓供养人造像：太妃侯造像与尉迟夫人造像（尉迟夫人造像前文有所论述，故此处不赘述）。

太妃侯造像题记载："景明三年（502）八月十八日，广川王祖母太妃侯为亡夫侍中使持节征北大将军广川王贺兰汗造弥勒像。"[1] 其中的贺兰氏为匈奴大姓，贺兰氏即贺赖氏，"贺赖氏通常作贺兰氏"[2]。

太妃侯造像时间为景明三年，距孝文帝的姓氏改革已过去了6年时间，那么为何在距离政治中心非常近的龙门石窟造像中仍然会出现使用胡族复姓的状况？

《元和姓纂》曾对此有所解释："（贺兰氏）代居元朔，随魏南迁河洛，魏以'忠贞'为'贺兰'，因命以氏。孝文帝时代人咸改单姓，唯贺兰氏不改。"[3] 但是《魏书》明确记载"北方贺兰，后改为贺氏"[4]，《魏书》只是记载"贺若氏，依旧贺若氏"[5]。

① 〔日〕水野清一、长广敏雄：《龍門石窟の研究》，座右寶刊行會，1941，第301页。
② 陈连庆：《中国古代少数民族姓氏研究》，吉林文史出版社，1993，第27页。
③ 林宝撰，岑仲勉校记《元和姓纂附四注记》卷8，中华书局，1994，第1316页。
④ 《魏书》卷113《官氏志》，第3012页。
⑤ 《魏书》卷113《官氏志》，第3014页。

《通志》"贺若氏"条载："贺若氏，代居玄朔，随魏南迁，北俗谓'志正'为'贺若'，因以命氏。孝文时代人咸改单姓，惟贺若氏不改。"① 此处岑仲勉先生认为"《通志》之'志正'，当'忠贞'之讹"②。

《元和姓纂》对于贺兰氏不改姓氏的理由与《通志》对"贺若氏，依旧贺若氏"的解释非常相似。之所以出现这种状况，"盖南宋初见本犹未混乱，其后贺兰文佚，遂以贺若蒙贺兰之称也"③。故根据《魏书·官氏志》的记载，《元和姓纂》的说法应该有误，贺兰氏在北魏时期应该不属于可以保留胡族姓氏的范围。

不过，无论没有改姓的是贺兰氏还是贺若氏，都说明孝文帝改革姓氏时是存在一些"优容"现象的，其特意允许"贺若氏，依旧贺若氏"，有可能是因为贺若氏"本檀石槐时代鲜卑西部中之一部落"④，也有可能如《元和姓纂》所说为了表彰贺若氏的忠贞，孝文帝破例允许其保留原姓。

这在一定程度上说明了孝文帝改革并没有完全达到其预期的效果和目的。太妃侯造像中胡族姓氏的出现也说明鲜卑民族的上层人士对孝文帝的改革并非完全支持，汉化改革在当时还是存在一些阻力，正如孝文帝自己所说："北人恋旧，南北纷扰。"⑤ 因此当时改革的难度还是比较大。当然这一现象同时也说明了胡族上层人士对本民族的认同，所以贺兰氏与贺若氏才会执着保留具

---

① 郑樵撰，王树民点校《通志二十略·氏族略四》，第 175 页。
② 林宝撰，岑仲勉校记《元和姓纂附四校记》卷 9，中华书局，1994，第 1317 页。
③ 林宝撰，岑仲勉校记《元和姓纂附四校记》卷 9，第 1317 页。
④ 姚薇元：《北朝胡姓考》，科学出版社，1958，第 87 页。
⑤ 《魏书》卷 19《任城王澄传》，第 468 页。

有本民族特征的姓氏,进一步说明了民族认同的顽固性。正如一些学者所言:"习俗的改革并非一朝一夕所能完成,太和十三年云冈石窟中虽然可同时看到褒衣博带和右袒大衣两种装束的佛像,但在孝文帝迁都和实施彻底汉化改革之前,佛像的装束恐怕并未马上就变成以褒衣博带式为主。即便是在迁都和汉化改革之后的十年间,直到宣武帝景明三年(502),在都城洛阳近郊的龙门石窟中,仍然存在不少袒右肩式佛像,云冈石窟的情形应该相去不远"①。

2. 胡、汉姓混杂供养人造像题记

龙门石窟中共收集到8处胡、汉姓夹杂的造像,除前已论述的1处汉服胡、汉姓混杂造像即释法陵造像之外,还有7处胡、汉姓混杂造像。其实此处所述胡、汉姓混杂造像,从严格意义来说应该是汉姓供养人造像了,只不过从有些姓氏看,供养人在改姓之前应该是胡姓而已。

孙秋生造像,景明三年(502),题记载:"……大代太和七年(483)……孙秋生……等敬造石像一区……维那夏侯文德、孙洪龙、王洪哲、孙洪保、夏侯文度、王洛州、张龙凤、董洪路、王丑;维那高伯生、刘念祖、程万宗、卫荣方、樊虎子、王马生、和龙度、边百炽、诸葛愿德……维那吴灵口、刘昙乐、夏侯三郎、王乐祖、刘仲起、高叔齐、寇祖听、浑山国、赵道荣;……维那卫方意、孙天敬、赵光祖、姜龙起、姜清龙、赵天俱、杨荣祖、赵珍佰、诸葛磨尔……维那董光祖、卫僧显、刘洪庆、高及祖、李虎子、赵丑奴、王龙起、王双、刘洛;维那孙溪

---

① 张金龙:《北魏政治史(7)》,甘肃教育出版社,2011,第407页。

伯、孙寿之、孙石、杜万岁、赵祖欢、宋小才、张万度、刘道义、宋俱……景明三年……"①

高树造像，景明三年（502），载："邑主高树……等造石像一区……高买奴、高恶子、王僧宝、夏侯林宗、高留祖、魏洪度、高乞德、高文成、左芝、……司马保、解伯勋、高天保、亲英之、盖定王、张定光、高南征、高昙保、高副、高洛珍、杨洪佰、高思顺、邓通生、高珍保、孙山起、薛文达、高天生。"②

马振拜等造像，景明四年（503），载："邑主马振拜……张引兴、刘苟生、陈野虎、孟游天、陈天起、陈兴族、张伏俱、陈显光、陈神欢、元世标、路天副、路买、吴永洛、马常兴、张天生、张文安、董定贵、董道欢、路平高、罗始龙、马勾郎、董神扶、梁归喜、阳成遵、任买德、陈延达、张欢喜、扬宗胜……"③

元燮造像，正始四年（507），载："……安定王元燮，仰为亡祖亲太妃、亡考太傅静王、亡姊蒋妃，及见存眷属，敬就静窟造释迦之容……正始四年。"④

张师伯造像，延昌三年（514），载："延昌三年八月二日，张师伯、张道夷、李始和、陈天治、□道、延形欢、景卫、车道问、胡道僧、苏景问、鲁国王义、王妃合十四人等，因石窟东崖

---

① 〔日〕水野清一、长广敏雄：《龍門石窟の研究》，座右寶刊行會，1941，第299页。
② 〔日〕水野清一、长广敏雄：《龍門石窟の研究》，第300页。
③ 〔日〕水野清一、长广敏雄：《龍門石窟の研究》，第301页。
④ 〔日〕水野清一、长广敏雄：《龍門石窟の研究》，第302页。

造弥勒像一区……"①

苏胡仁造像，正光六年（525），"正光六年岁次乙巳朔五月十五日，像主苏胡仁合邑十九人等造释迦一区……苏胡仁、刘老、刘罗察、刘欢伯、兰瞰鬼、宋定生、王阿明、刘桃松、张苟仁、秦衰奴、载欢欣、苏罗得、刘贵洛、郭阿兴、乐魏保、郭白虎、阿肆郎……"②

刘景珍等造像（具体时间不详），"刘景珍、冯道智、周桃枝、□天顺、郭永寿、俟影晖、吴兴树、王昔洽、马保中、侯光用"③。

从以上题记中可以看出，这些供养人造像都是既有汉人又有胡人。如孙秋生造像中的和龙度应为鲜卑族："素和氏，后改为和氏"④，"素和氏出于素和部，为东北境内游牧部落"⑤。《魏书》卷100《勿吉传》云："其傍有大莫卢国，覆钟国，莫多回国，库娄国，素和国。"浑山国，史书载北魏神元皇帝时内入诸姓者有谷浑氏，"谷浑氏，后改为浑氏"⑥。匈奴中亦有浑氏，"浑氏出自匈奴浑邪王，随拓跋氏徙河南，因以为氏"⑦，故此处浑山国应为鲜卑或匈奴，苏胡仁造像中的阿肆郎应属鲜卑族："阿伏于氏，后改为阿氏。"⑧ 刘景珍造像中的俟影晖应属鲜卑

① 刘莉莉：《河洛地区北朝佛教造像碑研究》，硕士学位论文，郑州大学，2004，第89页。
② 〔日〕水野清一、长广敏雄：《龍門石窟の研究》，座右寶刊行會，1941，第275页。
③ 刘莉莉：《河洛地区北朝佛教造像碑研究》，硕士学位论文，郑州大学，2004，第123页。
④ 《魏书》卷113《官氏传》，第3008页。
⑤ 陈连庆：《中国古代少数民族姓氏研究》，吉林文史出版社，1993，第72页。
⑥ 《魏书》卷113《官氏志》，第3008页。
⑦ 《新唐书》卷75《宰相世系表》，第3379页。
⑧ 《魏书》卷113《官氏志》，第3008页。

族："俟奴氏，后改为俟氏。"① 由此可知龙门石窟出现了较多胡、汉姓混杂的供养人造像，那么什么原因导致了这一现象？

此类造像中除 1 处年代不明之外，其他造像的制作时间都是在孝文帝改革之后。之所以出现存在大量的汉姓供养人以及改姓之后的胡人供养人这种状况无疑是改革的结果，但是这么多比较明显的从血统来说是胡人与汉人混杂的造像，还是一个值得注意的现象。这种现象的出现应该体现了当时的民族关系状况，多民族友好地混居杂处已经成为一种常态。

孝文帝汉化政策使官方石窟中出现了大量的汉服供养人与汉姓供养人造像，其中包括了明显是由胡姓而改的汉姓供养人造像。但是也有两处仍保留胡姓的供养人造像，而且其中太妃侯造像出现在孝文帝改革之后。这说明即使是在官方三令五申推行汉化政策的情况下，仍旧有一些胡族执着于以胡服或胡姓的外在表征凸显自己的形象与民族认同，同时也说明孝文帝处理问题的灵活性，当汉化改革遇到一些特殊情况会进行一系列的特殊处理，而且作为一种奖励，允许"贺若氏，依旧贺若氏"，说明汉化改革措施实行一段时间后，有一些胡族仍旧在内心深处是认同自己的胡族身份的。

不过在云冈石窟曾经大量出现的胡服供养人，随着孝文帝改革的推行与深入，逐渐减少，甚至绝大多数为汉服供养人形象所替代，而龙门石窟中的供养人造像大多制作于孝文帝改革之后，因而其出现的供养人形象更是以汉服、汉姓为主，只不过其中一些供养人的汉姓明显是由胡姓而改，这都

---

① 《魏书》卷113《官氏志》，第3012页。

说明在孝文帝改革的推动下，原本的胡族与汉人已经能非常平和地混居杂处，这种状态表明即使有一些胡族贵族仍旧顽固地试图保留本民族的一些特征以及民族认同，但是大多数的胡族已经接受了汉文化，胡、汉之间能够互相认同，胡族的华夏认同趋向具有一定的基础。

非官方佛教造像中的民族认同

随着佛教传入中国和兴盛，开窟造像活动相继而起，中下层百姓也"相率造像，以翼佛祐"。"民间的在家信徒以个人目的造像时，就产生了要记录由谁、为什么造像的意识，显示自己的造像行为，也是主张造像功德归属的权利意识。题刻造像记是最简便的方法，但是对于不熟悉汉字的鲜卑人来说，需要用比字更直接的手段来记录自我行为，那就是表现供养人自己的形象。"①

在官方石窟中，造像记中的供养人无论是姓氏还是服饰都出现了一些变化，这些变化与孝文帝改革密切相关，由此可见，政策对官方石窟的影响，那么在民间造像是否也发生相同的变化？在这部分，笔者试图以河北、河南、山东、山西、陕西这几个地区北魏时期的佛教造像探讨这一问题。

一 河北地区佛教造像中的民族认同

河北地区在十六国时期曾为后赵政权所占领，其统治者石勒

① 〔日〕石松日奈子撰《北魏佛教造像史研究》，筱原典生译，文物出版社，2012，第109页。

因佛图澄"每知军行吉凶"①，而尊其为大和尚，不但将其诸稚子多养于寺中，而且"有事必咨而后行"。石虎曾称誉澄为"国之大宝"，并言"佛是戎神，所应兼奉，其夷赵百姓有乐事佛者，特听之"②，此后，汉人崇佛合法化。因此，佛图澄在石赵政权大力支持下，声望远播内外，"身边弟子常有数百，门徒累计达万人之多"，"后赵在短短数十年间，在朝廷和各州郡的资助下，佛图澄与其弟子建立佛寺八百九十三所，是佛教传入中国以来的最高数字"③，后赵境内高僧辈出，如释道安、竺法雅、僧朗等。因此，河北地区成为当时佛教非常盛行的地区之一，出现了许多佛教造像。

河北地区佛教造像共收集到 65 处，与本论题相关的造像有 17 处。这 17 处造像从服饰上可分为：胡服供养人造像、汉服供养人造像。

（一）造像中的胡服与民族认同

共收集到 13 处胡服供养人造像，根据收集情况，将其分为两类：胡服汉姓供养人造像，胡服族属不详供养人造像。

1. 胡服汉姓供养人造像

胡服汉姓供养人造像共 9 处。

"石造赵氏一族定光佛立像，太和十三·十九年（489·495）铭""主尊右侧用浮雕表现合掌的胡服男性供养人像，

---

① 《晋书》卷 95《佛图澄传》，第 2485 页。
② 《晋书》卷 95《佛图澄传》，第 2488 页。
③ 任继愈主编《中国佛教史》卷 2，中国社会科学出版社，1991，第 147 页。

共三段十一名，旁边有'佛弟子赵□□'的文字。背面也有赵某的名字，由此可知这是彼此有血缘关系的赵氏一族的造像"①。

石造桓氏一族如来立像，无具体纪年，大约为北魏5世纪后半叶。"最下面有两层供养人像，其中下层供养人身着鲜卑服，上层的穿着大袖衣、下摆较长的汉式服装。两侧面也有浮雕，表现坐佛、着大袖衣的供养人像……供养人像的衣服有两种，可以判断本像的制作时间处于从胡服向汉服转变的过渡期，不过也不能否定桓氏一族存在胡、汉两族混合的可能性"②。

鲍纂造像③（日本书道博物馆藏），太平真君三年（442）（图13），"台座正面中央有捧持香炉的地神，其两侧各有狮子，右侧面为女性供养人列像，左侧面为男性供养人列像，背面在纵向框线内刻有十四行铭文。……男女供养人都穿长筒袖上衣，男性穿裤子和长靴，头上戴顶部呈圆形的头巾，女性穿裙子，头巾顶部有凹陷。这样的筒袖上衣和裤子、长靴都是北方游牧民族的服装（胡服）。同时，头后面垂布的头巾形状与文献所记载的'垂裙覆带'④或'大头长裙帽'⑤等胡帽的形状正好相

---

① 〔日〕石松日奈子撰《北魏佛教造像史研究》，筱原典生译，文物出版社，2012，第176页。
② 〔日〕石松日奈子撰《北魏佛教造像史研究》，筱原典生译，第177页。
③ 金申：《中国历代纪年佛像图典》，文物出版社，1994，第11页。
④ 《隋书》卷12《礼仪志》："后周之时，咸著突骑帽，如今胡服，垂裙覆带，盖索发之遗象也。"《隋书》卷12《礼仪志》，第266页。
⑤ 《梁书》卷54《河南王传》："河南王者，其先出自鲜卑慕容氏……著小袖袍、小口袴，大头长裙帽，女子披发为辫。"《梁书》卷54《河南王传》，第810页。

符①，头巾顶部呈圆形的是男性，有凹陷的是女性。……这些供养人像的穿着明显是胡服即鲜卑的服装，把鲜卑的服饰文化带入到佛教造像的世界里了"。

该台座所刻铭文为："大魏太平真君三年，岁次壬午正月戊寅朔十有八日乙未永昌王常侍定州常山鲍纂单宦在台灭割身□之储为父前邢邢令亡母王造兹石浮图大涅槃经一部愿。""永昌王应为明元帝的孙子永昌王仁（445 年去世），发愿者鲍纂是其常侍。鲍姓是汉族，母亲王氏也是汉族，但供养人像身穿胡服"②。

朱业微造像③，太平真君五年（444），台基左侧有三身男性胡服供养人，右侧有两身女性胡服供养人。

张永造像④，太安元年（455），台基左右各有两身男、女胡服供养人，背面刻六身胡服供养人。

黄□相造坐佛碑像⑤，延兴二年（472），台基左右各有一身比丘，一身男、女胡服供养人。

张泣戴造像⑥，延兴五年（475），台基左右各有一身男胡服供养人。

---

① 沈从文：《中国古代服饰研究》，香港中华书局，1981；吕一飞：《胡族习俗与隋唐风韵》，书目文献出版社，1994。
② 〔日〕石松日奈子撰《北魏佛教造像史研究》，筱原典生译，文物出版社，2012，第 47 页。
③ 刘建华：《河北蔚县北魏太平真君五年朱业微石造像》，《考古》1989 年第 9 期。
④ 星云法师：《世界佛教美术图说大辞典（12 雕塑 3）》，佛光文化出版社，2013，第 940 页。
⑤ 金申：《中国历代纪年佛像图典》，文物出版社，1994，第 34 页。
⑥ 星云法师：《世界佛教美术图说大辞典（13 雕塑 4）》，第 1039 页。

鞠抚造像①，太和六年（482）（图14），台基左侧刻一身胡服供养人，其头戴遮耳长帽，身穿夹领小袖式胡服上衣，脚蹬长靴。

图13　鲍纂造像　太平真君三年
（442）河北

图片来源：《中国历代纪年佛像图典》。

图14　鞠抚造像　太和
六年（482）河北

图片来源：《邯郸成安县出土的北魏太和六年释迦三尊像》。

贾法生兄弟造像②，太和十三年（489）（图15），台基左侧有一身男性胡服供养人，右侧有一身女性胡服供养人。

从此9处造像中的题记看，鲍纂、朱业微、张永、黄□相、张泣戴、贾法生等极有可能是汉人，但是在供养造像时

---

① 衣丽都：《邯郸成安县出土的北魏太和六年释迦三尊像》，《敦煌研究》2012年第3期；何利群：《十六国至北魏时期邺城的佛教史迹》，《中原文物》2016年第2期。

② 金申：《中国历代纪年佛像图典》，文物出版社，1994，第77页。

图 15　贾法生兄弟造像　太和十三年（489）河北

图片来源：《中国历代纪年佛像图典》。

以胡服来展示自己供养人的形象。"北魏政权下的汉族接受了统治者鲜卑的服装，表明了他们对国家的服从意志。即汉姓的胡服供养人像虽然是汉族，但为了表示对胡族王的服从而将自己表现为胡服形象"①。

2. 胡服族属不详供养人造像

胡服族属不详供养人造像共4处。

弥勒菩萨交脚像②（具体时间不详），台基左侧有一身执莲蕾男性胡服供养人，右侧有一身执莲蕾女性胡服供养人；金铜二佛并坐像③，延兴二年（472），台基左右各有一身执莲蕾男、女胡服供养人；比丘僧造像④，太和二十二年（498），台基右侧有一身跪立男性胡服供养人；梁□□造像⑤，正光三年（522），台基左右各有一身女性胡服供养人。

这4处造像因题记所含信息量较少，故不能判断造像中供养

①　〔日〕石松日奈子撰《中国佛教造像中的供养人像——佛教美术史研究的新视点》，朱源译，《中原文物》2009年第5期。

②　星云法师：《世界佛教美术图说大辞典（13 雕塑4）》，佛光文化出版社，2013，第1277页。

③　星云法师：《世界佛教美术图说大辞典（13 雕塑4）》，第1383页。

④　星云法师：《世界佛教美术图说大辞典（10 雕塑1）》，第264页。

⑤　马自树：《中国文物定级图典》，上海辞书出版社，2001，第306页。

人的族属。但是，从造像中所刻画的供养人服饰来看，这些捐赠者均愿意以胡服来表达自己的形象。

在以上两类胡服供养人造像中，除族属不详造像，其余为胡服汉姓供养人造像。同时，这些胡服供养人造像存在于孝文帝改革前后，其并不像官方石窟一样随孝文帝改革出现由胡服向汉服迅速转变的现象。

那么在河北地区为何出现与官方石窟不一致的现象呢？首先，对于政府的政策、诏令，民间有时会出现上行下不效的情况，因为地处燕赵大地的河北地区是胡、汉混居杂处的地区，十六国混战期间，河北地区在石赵政权统治下，进行过大量的民族迁徙活动。据史念海研究："由茌平、东燕、酸枣徙降人二万余户，由平原徙乌丸等部落三万余户……由许颍徙来俘获及降人三万余……由寿春徙来二万余户，由历阳徙来七万户……"① 通过长时间的混战和大量的民族迁徙，河北地区居民的民族状况比较复杂，不仅有汉人，还有众多的非汉民族，不同民族在河北地区交错杂居，在长期的社会生活与交往过程中，胡、汉下层民众不断相互熟识、理解，为胡、汉民众形成相同的民族认同奠定了一定的基础。在此基础上，较多汉族在供养造像时愿意以胡服形象表达自己；再加上当时的河北地区也是鲜卑化气氛比较浓厚的地区，"齐朝有一士大夫，尝谓吾曰：'我有一儿，年已十七，颇晓书疏，教其鲜卑语及弹琵琶，稍欲通解，以此

---

① 史念海：《十六国时期各割据霸主的迁徙人口（上篇）》，《中国历史地理论丛》1992 年第 3 期。

伏事公卿，无不宠爱，亦要事也'"①，虽然这一史料描述的是北齐时的情况，但在一定程度上也能说明河北地区胡风盛行的程度。因此，在河北地区的佛教造像中，无论供养人是胡人还是汉人，均穿着胡服，说明这一地区的百姓愿意以着胡服的形象来展示自己。

其次，河北地区在孝文帝改革前后均出现胡服供养人造像，与官方石窟在改革之后迅速由胡服转为汉服的现象略有不同。河北地区的胡服供养人造像在孝文帝改革之前数量较多，在改革之后数量虽然有所减少，但仍有一些胡人服饰造像，这说明汉化改革对河北地区的影响并未达到预期的效果，这种情况的出现也有可能是因为民间老百姓对政治没有那么敏感，对相关政策的接受速度比较慢。改革内容的实施与贯彻之所以在北魏政权的上层也就是政治中心比较好，是因为孝文帝曾对上层在职官员"班赐冠服"②，对上层的政策落实也比较重视，而对下层民众只能是一纸诏书，故而影响略微减弱，且下层民众远离朝堂，故服饰改革在下层民众中贯彻得不是很好。

禁胡服本是孝文帝汉化改革的一项主要内容。在迁都洛阳之前，孝文帝就已安排李冲与冯诞、游明根、高闾、蒋少华等人议定衣冠。在迁都的同年，他又下令朝野上下禁穿胡服，但因"国人多不悦"③，其中以太子元恂为代表，孝文帝"宏制衣冠与

---

① 颜之推撰，王利器集解《颜氏家训集解》卷1《教子2》，中华书局，1993，第25页。
② 《魏书》卷7《高祖纪》，第179页。
③ 《资治通鉴》卷139，"齐明帝建武帝元年"，第4370页。

之"，但元询"窃毁之，解发为编服左衽"①，因此，改革措施推行的效果大打折扣。如元丕"雅爱本风，不达新式，至于变俗迁洛，改官制服，禁绝旧言，皆所不愿"②。朝廷议事时，其他大臣都改穿汉服，"朱衣满坐"，唯独元丕"胡服于其间"③。在当时这虽是个别现象，但因元丕的特殊身份和极高地位，对这项改革的冲击力不容低估。太和十九年（495），鲜卑族妇女的服装依然是夹领小袖，并没有彻底改变，气得孝文帝大发雷霆："昨望见妇女之服，仍为夹领小袖。我徂东山，虽不三年，既离寒暑，卿等何为而违前诏。"④ 直到太和二十三年（499）洛阳仍然多"见车上妇人冠帽而著小襦袄者"，孝文帝责问"尚书何为不察"⑤，任城王澄则曰："著者犹少。"说明当时的鲜卑贵族及官员对于政策的执行也不是那么严格。

"车驾南伐，留澄居守……帝复幸邺，见公卿曰：朕昨入城，见车上妇人冠帽而著小襦袄者"而责问"尚书何为不察"。澄曰："著者犹少。"帝曰："任城欲令全著乎，一言可以丧邦，其斯之谓"⑥。

而且当时孝文帝在改革时就有区别对待的政策："今欲断诸北语，一从正音。年三十以上，习性已久，容或不可卒革；三十以下，见在朝廷之人，语音不听仍旧。若有故为，当降爵黜官。

① 《南齐书》卷 57《魏虏传》，第 996 页。
② 《魏书》卷 14《元丕传》，第 360 页。
③ 《资治通鉴》卷 141"齐明帝建武帝四年"，第 4408 页。
④ 《魏书》卷 21《咸阳王禧传》，第 536 页。
⑤ 《北史》卷 18《任城王澄传》，第 657 页。
⑥ 《北史》卷 18《任城王澄传》，第 657 页。

各宜深戒。"① 对于孝文帝禁断北语的行为，推行三长制的李冲曾说："四方之语，竟知谁是？帝者言之，即为正矣，何必改旧从新。"② 由此可见，孝文帝汉化改革的阻力来自不同的民族，难免影响其成效。

对于孝文帝改革的效果传统的观点多认为其成效显著，但是值得注意的是《北史·王肃传》云："太和十七年，肃自建业来奔……自晋氏丧乱，礼乐崩亡，孝文虽厘革制度，变更风俗，其间朴略，未能淳也。肃明练旧事，虚心受委，朝仪国典，咸自肃出。"③ 又《南齐书》载太和末，王肃为孝文帝"制官品百司，皆如中国"④。《资治通鉴》也载："时魏主（即孝文帝）方议兴礼乐，变华风，凡威仪文物，多肃所定"⑤。

陈寅恪先生指出：王肃将南朝前期发展之文物制度转输于北朝，遂"开太和时代之新文化"⑥。《王肃传》谓太和十七年王肃入魏之前，"孝文虽厘革制度，变更风俗，其间朴略，未能淳也"。究其原因，"无居直接中心及知南朝最近发展之人物与资料可以依据"⑦。因此，有学者认为："太和前期的汉化改革，事实上并不彻底。尽管文明太后、孝文帝可以吸收残存的魏晋制度，但是包括服饰在内的社会生活的各个方面，必然也保留了许

① 《魏书》卷 21《咸阳王禧传》，第 536 页。
② 《魏书》卷 21《咸阳王禧传》，第 536 页。
③ 《北史》卷 42《王肃传》，第 1540 页。
④ 《南齐书》卷 57《魏虏传》，第 998 页。
⑤ 《资治通鉴》卷 138"齐武帝永明十一年"，第 4342 页。
⑥ 陈寅恪：《隋唐制度渊源略论稿》二"礼仪"，三联书店，2001，第 15 页。
⑦ 陈寅恪：《隋唐制度渊源略论稿》二"礼仪"，第 15 页。

多拓跋鲜卑的传统风俗，至于'多肃所定'的'威仪文物'，自然也就有服饰方面的内容"①。

故而朱大渭先生说："我们据此推测，孝文帝在位乃至其身后的一段时期，胡服并未禁绝，而是形成一种以汉服为主、汉服胡服混用的局面。"② 这是研究北魏社会生活史的学者从正史文献中发掘资料讨论孝文帝改革的成效。

这种推断在河北地区的佛教造像中也得到比较充分的证实与体现，研究北魏佛教造像的日本学者石松日奈子曾注意到河北地区佛教造像的一个现象："在台座和背面等处表现穿带袖上衣或披头巾的胡服供养人像，反映了北魏积极吸纳佛教的状况。不过，这些胡服供养人的姓名多像汉族，其实他们有可能是被征服的汉族民众。在建国初期的北魏领域内，征服者鲜卑族和被征服者汉族是居住在一起的，在人口比例上汉族应该占压倒多数。少数派的鲜卑族穿着自己的衣服，即胡服，然而占多数的汉族穿怎样的衣服却没有见到任何记录。佛教造像中表现出来的穿胡服的汉姓供养人像的存在，向我们提供了一个很有意思的问题，即到底是北魏命令被征服的汉族穿胡服呢，还是汉族人主动地穿上了胡服？"③

同时她又说："480年代之前的鲜卑人对自己的胡俗应该较为肯定，但是在孝文帝服制改革日益严峻的490年代以后，胡服

---

① 朱大渭等：《魏晋南北朝社会生活史》，中国社会科学出版社，2005，第366页。
② 朱大渭等：《魏晋南北朝社会生活史》，第366页。
③ 〔日〕石松日奈子撰，《北魏佛教造像史研究》，筱原典生译，文物出版社，2012，第50页。

象逐渐减少。关于汉族姓的胡服像，是穿了胡服的汉族，还是用汉族姓的胡族，是一个饶有兴趣的问题"①。

（二）汉服供养人造像

与胡服相对应，共收集 4 处汉服供养人造像，其中汉姓汉服供养人造像共 3 处，胡姓汉服供养人造像共 1 处。

1. 汉服汉姓供养人造像

汉服汉姓供养人造像 3 处：阳氏造像②，太和元年（477）（图 16），右面台基左侧有一身男性汉服供养人，右侧有一身女性汉服供养人；赵明造像③，太和四年（480），台基左侧有一身男性汉服供养人，右侧有一身女供养人；刘未造像④，景明三年（502），背面左侧有两身男性汉服供养人，右侧有一身女性汉服供养人。

2. 汉服胡姓供养人造像

汉服胡姓供养人造像共 1 处。

邸拔延造像，正光四年（523）（图 17），前侧台基刻一身汉服供养人。"邸，县名，望出中山；一云，当系汉大月氏贵霜翎侯邸就却之后也。"⑤ 此外，罗新考证"bay 即突厥语：

---

① 〔日〕石松日奈子撰《北魏佛教造像史研究》，筱原典生译，文物出版社，2012，第 109 页。

② 金申：《中国历代纪年佛像图典》，文物出版社，1994，第 42 页。

③ 金申：《中国历代纪年佛像图典》，第 33 页。

④ 佛教拓片研究小组：《中央研究院历史语言研究所藏北魏纪年佛教石刻拓本目录》，永登有限公司，1991，第 19 页。

⑤ 郑樵撰，王树民点校《通志二十略·氏族略》，中华书局，1995，第 193 页。

富裕、富人。突厥的拔延即其音译"①。故此处将邸拔延判断为非汉族。

图16 阳氏造像 太和元年（477）河北

图片来源：《中国历代纪年佛像图典》。

图17 邸拔延造像 正光四年（523）河北

图片来源：《中国历代纪年佛像图典》。

在以上汉服供养人造像中阳氏、赵明、刘未为汉人，邸拔延为胡族。

综上，河北地区的造像，从服饰上看，无论是改革前还是改革后，胡服供养人形象都存在，从中可见民间造像的自主性、随意性。民间造像在不受外在意旨影响的情况下，其展现的民族认同更真实。但是改革之后出现的汉服供养人在数量上有所增加，这说明民间造像在一定程度上也顺应了历史潮流。从姓氏上看，无论是改革前还是改革后，供养人的姓氏都是汉姓，但是有一些姓氏明显是由胡姓改为汉姓的，而且这些都是出现在孝文帝改革

---

① 罗新：《虞弘墓志所见的柔然官制》，《北大史学》，2007，第50～73页。

之后，这也说明孝文帝改革的效果在河北的民间造像上得到了一定的反映。

二 河南地区佛教造像中的民族认同

河南地区佛教起始较早，东汉"永平求法"后，白马寺落成于洛阳，此即为东汉佛教的发端。魏晋时期高僧支谦、支敏度、康僧会翻译经典佛经，"至于晋室永嘉，唯有寺二十四所。逮皇魏受图，光宅崇洛，笃信弥繁，法教愈盛……于是招提栉比，宝塔骈罗，争写天上之姿，竞摹山中之影；金刹与灵台比高，讲殿共阿房等壮"①。至北魏政权迁都洛阳，统治阶级的崇佛政策使得此地区佛教及造像艺术迅速发展起来。

北魏晚期以洛阳为中心，佛教艺术进入全面繁盛时期，并不断向周边地区及广大中下层民众扩散。北魏迁都洛阳之后，从洛阳龙门、巩义大力山，到周边地区诸多中小型石窟，开窟造像之风此起彼伏，从而带动了各地单体石造像艺术的发展。佛教造像碑费资少，便于移动，受到中下层民众的喜爱。

河南地区佛教造像除龙门石窟外还存在较多的民间造像，笔者共收集到 46 处，其中胡服供养人共 0 处，虽不排除确实没有胡服供养人造像的可能，但遗失应为主要原因。从所有造像的年代来看，除 4 处不确定具体年代的造像，其他均为

---

① 杨衒之撰，周祖谟校释《洛阳伽蓝记校释》，中华书局，2013，第 20～21 页。

孝文帝南迁之后建造，可能此时河南地区佛教造像之风始兴。

（一）造像中的服饰与民族认同

就笔者目前收集到的造像资料看，河南地区没有胡服供养人造像，主要是汉服供养人造像，这类造像共 16 处。

田延和造像①（具体时间不详），背面刻六排三十四身汉服供养人，及两身仆从。

一佛二菩萨造像②，背面刻七排七十身执莲花汉服供养人。

皇甫德造像，景明二年（501），台基左侧有四身男性汉服供养人，右侧有四身女性汉服供养人。

阎勋之造像，景明四年（503），背面刻十排八十身执莲花汉服供养人。

张难扬造像，景明四年（503），台基左右各有一身汉服供养人。

张村合邑造像，景明四年（503），背面刻十二排一百二十身汉服供养人。

孔惠超造像③，熙平二年（517），背面下层刻八排五十四身执莲蕾汉服供养人，上层左右各刻两身较大执莲蕾汉服供养人，及四身执莲蕾汉服仆从。

王毛郎造像，熙平二年（517），台基左右各有三身汉服供养人。

---

① 星云法师：《世界佛教美术图说大辞典（10 雕塑 1）》，佛光文化出版社，2013，第 345 页。
② 星云法师：《世界佛教美术图说大辞典（10 雕塑 1）》，第 63 页。
③ 王景荃：《孔惠超造像及其年代考》，《中原文物》2007 年第 6 期。

图18　扈豚造像　正光二年
（521）河南

图片来源：《世界佛教美术图
说大辞典》。

一佛二菩萨造像①，正光元年
（520），台基左侧有三身汉服供养
人，右侧有四身汉服供养人，七
身供养人均跟一身小型执华盖汉
服仆从。

扈豚造像，正光二年（521）
（图18），台基左侧有一身男性汉
服供养人，右侧有一身女性汉服
供养人。

慧荣造像②，正光四年
（523），下侧刻一身汉服供养人。

刘根等造像③，正光五年
（524），下侧刻七身广袖长袍式汉
服供养人。

杜文庆造像④，正光五年
（524），台基左侧有两身男性汉服
供养人，右侧有四身女性汉服供
养人。

---

① 星云法师：《世界佛教美术图说大辞典（10 雕塑1）》，佛光文化出版社，2013，第60页。
② 北京图书馆金石组：《北京图书馆藏中国历代石刻拓本汇编》（3册），中州古籍出版社，1989，第141页。
③ http：//kanji. zinbun. kyoto‐u. ac. jp/db‐machine/imgsrv/takuhon/type_b/html/nan0259x. html.
④ 北京图书馆金石组：《北京图书馆藏中国历代石刻拓本汇编》（3册），第162页。

荥阳大海寺造像①，正光六年（525），台基左右各有三身汉服供养人，背面刻五排八十八身汉服供养人。

骆道明造像②，孝昌二年（526），背面左侧有两身男性汉服供养人，右侧有两身女性汉服供养人，各跟一身汉服仆从。

赵见憘造像③，永熙二年（533），台基左右各有六身汉服供养人。

从以上造像中可以看出，供养人不论姓氏、族属如何，在供养造像时均选择以汉服来表达自己的形象。之所以出现这种状况应该有两个方面的原因，一是河南本就是一个中原传统文化比较深厚的区域，洛阳在东汉、西晋时期曾担任都城的角色，北魏迁都之后洛阳再次成为北方的政治、经济、文化中心，因此在传统文化影响波及的地区造像选择汉服形象非常正常，二是从这些造像的时间看，除两处具体时间不详外，其余造像均处于孝文帝改革之后，最早的是孝文帝颁布服饰改革的 7 年后，大多在孝文帝改革 20 年之后，当时北魏境内除六镇地区之外，基本上大多受汉文化影响，所以出现了大量的汉服供养人造像。更重要的原因可能是孝文帝对河南地区汉化改革的重视。

根据史料记载，孝文帝在颁布改革措施之后对改革的成效非常关注，并曾因执行不力责备相关官员：

太和二十三年（499 年）……（高祖）曰："……今欲

---

① 星云法师：《世界佛教美术图说大辞典（13 雕塑 4）》，佛光文化出版社，2013，第 1292 页。
② 谭淑琴：《河南博物院收藏的四件造像碑》，《中原文物》2000 年第 1 期。
③ 星云法师：《世界佛教美术图说大辞典（13 雕塑 4）》，第 1164 页。

断诸北语，一从正音。年三十以上，习性已久，容或不可卒革；三十以下，见在朝廷之人，语音不听仍旧。若有故为，当降爵黜官。各宜深戒。如此渐习，风化可新。若仍旧俗，恐数世之后，伊洛之下复成被发之人。王公卿士，咸以然不？"……责留京之官曰："昨望见妇女之服，仍为夹领小袖……既离寒暑，卿等何为而违前诏？"①

不仅如此，孝文帝对于其他地区的改革效果也非常关注。"车驾南伐，留澄居守……帝复幸邺，见公卿曰：朕昨入城，见车上妇人冠帽而著小襦袄者"，而责问"尚书何为不察"。澄曰："著者犹少。"帝曰："任城欲令全著乎，一言可以丧邦，其斯之谓"②。

由此可知，孝文帝改革是为防止"伊洛之下复成被发之人"，因"见妇女之服，仍为夹领小袖"而责备留京之官，认为"既离寒暑"就不应"违前诏"，即再穿胡服。从路遇妇女"仍为夹领小袖"而责问一事可以看出孝文帝对其实施的汉化改革及其效果的重视，故在其督促下河南地区改革应比其他地区彻底，河南地区造像中供养人形象均为汉服也吻合了这一点，即孝文帝汉化改革，及其对改革效果的督促在一定程度上促进河南地区民众对汉文化的认同，文化的认同在很大程度上促进了民族认同。

迁都后，孝文帝及其后继者热心于提倡封建文化，结果是

---

① 《魏书》卷21《咸阳王禧传》，第536页。
② 《北史》卷18《任城王澄传》，第657页。

"斯文郁然，比隆周、汉"①。仅仅是三四十年的时间，中原的面貌，特别是民族关系发生了巨大的变化，以致陈庆之从洛阳回到南方后对人说："昨至洛阳，始知衣冠士族并在中原，礼仪富盛，人物殷阜，目所不识，口不能传"②。

（二）造像中的姓氏与民族认同

河南地区胡、汉姓混杂供养人造像共3处。

翟兴祖造像，正光四年（523）。"大魏正光四年岁次……法义卅人等建造石像一区……翟兴祖……俟地拔。邑子翟阿兴、一菩萨主王明洛、师子主邑正徐珍贵、……维那翟兴祖、加叶主沮渠显遵、邑子兰伏奴、邑主阳成文欣、……邑子郭显树、邑子廉兴盛、邑子马清奴、邑子王安平、邑子朱灵珍、……邑子贾昙端、邑子赵武庆、邑子施虎龙、……邑子阿各仁、香花主支僧安、邑子斛斯康德、邑子张天生，邑子阳成羊奴"③。

扈豚造像，正光二年（521）："大魏正光二年……扈豚、张鲁女。"

扈文颢造像，孝昌三年（527）："孝昌三年四月十五日，清信士佛弟子扈文颢为亡妻张融、亡息扈德、亡女扈妨仁造石像一躯"④。

从以上几处造像中，可以明显看出是胡族姓氏的有：沮

---

① 《北史》卷81《儒林传》，第2704页。
② 杨衒之撰，周祖谟校释《洛阳伽蓝记》卷2 "景宁寺"条，中华书局，2013，第88页。
③ 李献奇：《北魏正光四年翟兴祖等人造像碑》，《中原文物》1985年第2期。
④ 于晓兴：《郑州市发现两批北朝石刻造像》，《中原文物》1981年第2期。

渠显遵、阿各仁、支僧安、俟地拔等。沮渠显遵应为卢水胡，其先为匈奴族："胡沮渠蒙逊，本出临松卢水，其先为匈奴左沮渠，遂以官为氏。"① 阿各仁为鲜卑族，孝文帝姓氏改革使"阿伏于氏，后改为阿氏"②；支僧安应为月支胡人："支氏：后赵司空支雄传云：其先月支胡人也，实西域之国。晋有高僧支遁，字道林，天竺人。"③ 俟地拔应为鲜卑族，史书记载胡族姓氏中的俟氏有两个来源："后魏献帝次弟为俟亥氏，改为俟氏。又俟奴氏改为俟氏。"④ 由此可以判断此处俟氏应为胡姓。

在这些胡、汉姓混杂供养人造像中，一类是胡、汉民众以义邑为单位共同供养造像表达祈愿，一类是以家庭为单位供养造像，但其中明显可以看出家庭成员中既有胡人同时也有汉人。胡、汉姓混杂供养人造像可见当时胡、汉民众愿意出现在同一造像中来表达祈愿，究其原因有可能如何兹全先生所说是经济状况所限，即"穷"："在建寺活动中，皇帝建最大的庙，大官大富建大庙，小官小富建中等寺庙或小庙。一般人民群众建不起大庙就建小庙，就造像。不能说达官大富不造像，但从造像所留下的材料看，造像常常是群体活动，许多人造一个像，一村一邑造一个像，几百人、几千人同造一个像。这里面有一代社会风气和宗教的因素，但不能否认

---

① 《魏书》卷21《沮渠蒙逊传》，第2203页。
② 《魏书》卷113《官氏志》，第3007页。
③ 郑樵撰，王树民点校《通志二十略·氏族略》，中华书局，1995，第75页。
④ 郑樵撰，王树民点校《通志二十略·氏族略》，第192页。

这和造像者的经济条件有关系，甚或可以说'穷'是主要原因。"① 但这种胡、汉混杂造像的状况同时也说明了当时中原地区的民族关系相对来说比较融洽，各个民族之间在日常生活中的交往比较频繁，这种胡、汉混杂出现在同一造像中的现象应该是他们日常生活状况的真实表现，同时也反映胡、汉民族之间的相互认同。

综上，非官方造像中，河南地区造像受孝文帝汉化改革影响较深。因为河南现有的造像中，其供养人服饰无论姓氏、族属如何，在供养造像时都以汉服表达自己的形象，从题记上，现有的 3 处民间造像均为胡、汉姓混杂供养人造像，且都完成于孝文帝改革之后，不同姓氏的民族出现在同一造像之中，也说明了孝文帝汉化改革在河南地区的效果。虽然这种混杂现象极有可能如何兹全先生所说是"穷"的原因，但也在一定程度上表明胡、汉民族之间混居杂处、友好相处的一种日常状态。北魏河南地区已经有胡、汉混杂的民族基础。据研究，"魏晋十六国时期河洛地区少数民族众多，民族成分较为复杂，主要有匈奴、丁零、羯、乌桓、鲜卑、氐、羌等"②。至北魏"原在平城的鲜卑人大多南迁，前后迁洛和南徙的贵族、官僚、军队及民众，总数在一百万左右"③。同时，北魏时期河南地区还存

① 侯旭东：《五六世纪北方民众佛教信仰——以造像记为中心的考察》，社会科学文献出版社，2015，序第 2 页。
② 贾文慧：《魏晋十六国时期河洛地区少数民族研究》，博士学位论文，河南科技大学，2013，第 14 页。
③ 李克建：《再论魏晋南北朝的民族迁徙》，《西南民族大学学报》（人文社科版）2006 年第 6 期。

在少数民族豪强归附、内迁，胡商，胡僧等①。在长期的交往中双方也可能存在一定的民族认同。经孝文帝的汉化改革及督促改革的实施，在民众之间本身也存在一定的民族认同的情况下，河南地区民众在造像中通过姓氏、服饰所展示的认同均趋于汉。

三　山东地区佛教造像中的民族认同

佛教自东汉末传入山东，十六国时期在石赵政权崇佛政策下，山东地区佛教迅速发展，造像逐渐昌隆。至太武帝灭佛，虽然僧众通过窖藏对佛教造像进行庇护，但佛教造像还是受到一些冲击，许多造像外形受到一定程度破坏。

山东地区收集到79处较为完整的佛教造像，其中与本论题相关的造像共8处。在此将这8处造像以服饰、姓氏为标准分为两类：胡、汉服与胡、汉姓供养人造像。

（一）造像中的服饰与民族认同

胡服供养人造像共1处。

郭武璘造像②，太和廿三年（499）（图7），台基左侧刻一身胡服男性供养人；右侧有一身胡服女性供养人。

---

① 朱竞：《北魏时期河洛地区少数民族研究》，硕士学位论文，河南科技大学，2009，第9～13页。
② 星云法师：《世界佛教美术图说大辞典（12雕塑3）》，佛光文化出版社，2013，第977页。

郭武璘有可能是汉人，但在供养造像表达祈愿时是身着胡服的形象。而且这一处造像在时间上处于孝文帝改革后，可能是孝文帝的服制改革还没有触及民众的社会生活及佛事活动，是改革在民间出现滞后的一种体现。当然郭武璘也有可能是屠各，《资治通鉴》卷105 "太元九年正月"条有 "屠各郭超"，如果郭武璘也是屠各的话，在造像中身着胡服就更好理解了。

图 19　郭武璘造像
太和廿三年
（499）山东

图片来源：《世界
佛教美术图说大辞典》。

汉服供养人造像共 4 处。

法坚造像①，延昌元年（512），左侧有一身男性汉服供养人，右侧有一身女性汉服供养人。

孙宝憘造像②，神龟元年（518）（图20），台基左侧有一身跪立男性汉服供养人。右侧有一身跪立女性汉服供养人。

曹望憘造像③，正光六年（525），台基左侧刻一身男性汉服供养人，七身汉服仆从，右侧刻一身女性汉服供养人，六身汉服仆从。

贾智渊造像④，正光六年（525）（图21），佛像左侧有一身

---

①　http：//rub. ihp. sinica. edu. tw/ ~ buddhism/main01. htm.
②　北京图书馆金石组：《北京图书馆藏中国历代石刻拓本汇编》（4 册），中州古籍出版社，1989，第 52 页。
③　金申：《中国历代纪年佛像图典》，文物出版社，1994，第 123 页。
④　http：//kanji. zinbun. kyoto - u. ac. jp/db - machine/imgsrv/takuhon/type_ b/html/nan0272a. html.

图20　孙宝憘造像　神龟元年（518）山东

图片来源：京都大学人文科学研究所所藏拓片。

图21　贾智渊造像　正光
六年（525）山东

图片来源：京都大学人文科
学研究所所藏拓片。

男性汉服供养人，右侧有一身跪立女性汉服供养人。

综上，这4处汉服供养人造像中除法坚造像不能判定族属，其他造像供养人孙宝憘、曹望憘、贾智渊应均为汉姓汉人。汉姓汉人在供养造像、表达祈愿时使用汉服饰，表达了对本民族的认同。

同时，山东地区汉服供养人造像从时间来看均处于孝文帝改革之后，若不存在造像遗失的状况，出现此种情况很可能是因为受孝文帝改革的影响。在山东地区胡、汉下层民众存在一定认同的情况下，加之孝文帝的汉化改革，山东地区各民族民众之间的认同朝汉族方向发展。

（二）造像中的姓氏与民族认同

在山东地区，搜集到的胡、汉姓混杂供养人造像共3处。

程通造像，正光五年（524）："大魏正光五年……青州高阳郡程通……上为国王下为高老父母……郝仁、卜化、刀宗、程琪。"①

法义造像，正光六年（525）："大魏正光六年……青州齐郡法义等七人造石像一区。清信士佛弟子张凤、张世隆、王道慧、鹿明、鹿国……"②

比丘尼明严造像，孝昌三年（527）："大魏孝昌三年……比丘尼明严仰为亡父母……张女……鹿同……孟本……"③

在这三处造像中的供养人中比较明显为胡姓的有：卜化。卜化应为胡姓，"须卜氏，后改为卜氏"④，又"（匈奴）其四姓，有呼延氏、卜氏、兰氏、乔氏"⑤。此造像处于孝文帝姓氏改革之后，故卜氏可能为鲜卑姓氏，也可能为匈奴姓氏。鹿明、鹿国、鹿同应为鲜卑族，"阿鹿桓氏，后改为鹿氏"⑥。

从这些造像中我们可以看到胡、汉民众愿意在同一造像中表达祈愿，而且这些造像大多出现在青州地区，其原因可能为多方面的。

首先，十六国时，青州地区为各个政权的必争之地，夺取此地的各个政权都会迁徙各族民众至此，因此许多民族居住在此，如匈奴、羌、鲜卑、氐、羯等。这些民族迁徙活动，使青

① http：//kanji. zinbun. kyoto - u. ac. jp/db - machine/imgsrv/takuhon/type ＿ b/html/nan0270a. html.
② 新文丰出版股份有限公司：《石刻史料新编》（影印本第3辑第27册），台北：新文丰出版股份有限公司，2006，第413页。
③ 〔日〕大村西崖：《支那美术史雕塑篇》，国书刊行会，1920，第229页。
④ 《魏书》卷113《官氏志》，第3009页。
⑤ 《晋书》卷97《匈奴传》，第2550页。
⑥ 《魏书》卷113《官氏志》，第3008页。

州地区有了坚实的民族基础,促使胡、汉民众之间的友好相处,以及促进相互之间的民族认同。再加上山东本为孔孟之乡,儒家文化传统比较深厚,因此,在这一地区,即使是胡民族,也会对汉文化有一定的认同。

其次,从造像记中所反映的时间来看,这些胡、汉姓混杂的造像均处于孝文帝汉化改革之后。故二者之间的民族认同可能受官方汉化政策的影响较大。

最后,如"比丘尼明严造像"一样,造像题记显示,在比丘尼明严的带领下,张、鹿、孟等姓氏的胡、汉民众一起捐赠、供养佛像。这在一定程度上说明,佛教也是双方形成共同认同的桥梁。但是,不论在民族混杂、官方政策,或者是佛教众生皆平等观念基础上形成的胡、汉下层民众之间的认同,都证明二者之间有民族认同的基础与可能。在形成一定民族认同的基础上,胡、汉民众一起供养造像。

四 山西地区佛教造像中的民族认同

在十六国的后赵时期,山西地区的佛教已经有所发展,至北魏迅速兴盛。鲜卑政权为巩固统治实行徙民政策,其中山东、河北、河西地区的大量民众被迁徙至平城附近。在这些迁徙的民众中不乏能工巧匠,故平城佛教受其影响并迅速发展。鲜卑为巩固其政权,大力发展佛教,在此期间虽然也出现太武帝灭佛的情况,但崇佛政策的大趋势使山西地区的佛教兴盛起来。

山西地区除了官方石窟云冈之外,也有一些民间佛教造像,只不过数量较少，一共收集到 33 处造像，其中 11 处与本论题相关。在这 11 处造像中，根据服饰、姓氏将其分为两类：胡、汉服供养人造像及胡、汉姓混杂供养人造像。

（一）造像中的服饰与认同

胡服供养人造像共 2 处。

比丘僧安造像①，太和八年（484），台基左右各有一身胡服男性供养人。

吴道兴造像②，太和二十二年（498）（图 22），背面左右各有两身胡服供养人。

这两处造像不同于官方石窟造像，其胡服供养人造像的时间跨越孝文帝改革前后，并且并未随孝文帝改革出现迅速趋汉的改变。这种情况，与河北、山东地区类似。

山西地区在民间造像中出现胡服供养人，日本学者认为："在佛教造像中，造像主（施主、供养人）在佛像旁边表现自己的形象，彰显自己的行为。北魏时代，由于造像十分普及，个人或团体的造像非常兴盛，因此，供养人像的表现也司空见惯。所表现的一个个供养人像，旁边附有刻写名字的榜题。在邑义的造像集团里，还可以见到教化僧也就是邑师的名字。北魏时代的供养人像有两种服装即胡服和汉服。胡服是鲜卑族的传统服装，穿着便于骑马、狩猎的窄袖上衣和裤子，并戴着鲜卑帽。女性服装也大致相同，在裤褶的上面穿裙。表现胡族供

---

① 星云法师：《世界佛教美术图说大辞典（10 雕塑 1）》，佛光文化出版社，2013，第 265 页。
② 金申：《中国历代纪年佛像图典》，文物出版社，1994，第 94 页。

图 22　吴道兴造像　太和二十二年（498）山西

图片来源：《中国历代纪年佛像图典》。

养人，说明了胡族在积极地表现自身'胡'的部分，证明了鲜卑拓跋部肯定地面对自己的胡族性。关于这一点，在平城时代的墓葬里，我们可以看到墓主人身穿胡服，或在汉族故事里特意表现身穿胡服的人物。还有一些例子证明，胡服供养人中很多使用汉族人的名字，表现北魏的被征服民族汉族，很可能也穿着胡服"①。

当然，更大的可能是平城是拓跋族的集居地，同时是保守派的势力范围，北魏从天兴元年（398）道武帝迁都平城，到太和十八年（494）迁都洛阳，近百年间一直作为国都，因此，平城的拓跋贵族势力盘根错节，相当牢固。"平城是鲜卑贵族集中的地方。这些人中相当一部分如元丕、穆泰等人思想守旧，坚持旧的鲜卑风俗习惯，不愿改变。"② "这对于锐意接受汉族先进政治经济制度和生活习俗的孝文帝来说，无疑是一

---

① 〔日〕石松日奈子撰《北魏佛教造像史研究》，筱原典生译，文物出版社，2012，第 201 页。
② 刘精诚：《论北魏孝文帝迁都洛阳的原因和意义》，《许昌师专学报》1992 年第 4 期。

种绳索"①，"国家兴自北土，徙居平城，虽富有四海，文轨未一。此间用武之地，非可文治，移风易俗，信为甚难"②。为了摆脱拓跋旧贵族的羁绊，让拓跋族子孙尽情吸收汉族先进文化，沐浴儒家教育，革除拓跋族的落后愚昧陋俗，以达到"胡越之人亦可亲如兄弟"③的和睦共处目的，使拓跋族亦跻身于文明民族之林，孝文帝决定进行迁都。拓跋贵族对汉化改革的消极甚至积极的抵抗态度自然对下层民众有所影响，因此，在山西境内，虽然官方造像中的云冈石窟在孝文帝改革之后，出现了大量的汉服供养人形象，但是在民间造像中的供养人仍旧有一些以胡服的形象出现。

汉服供养人造像共 7 处：曹天度造像④，天安元年（466）（图 23），台基刻九身汉服女性供养人；韩原造像⑤，正始元年（504），台基左侧有两身男供养人，右侧有两身女性汉服供养人；河东郡合村邑子造像⑥，永平三年（510），下侧刻较多汉服供养人；石造佛像⑦，熙平三年（518），下侧刻五十二身汉服供养人；吕氏合邑造像碑⑧，神龟三年（520），下侧左右各有一身

---

① 翦伯赞主编《中国史纲要》；史苏苑：《北魏孝文帝迁都洛阳评议》，《郑州大学学报》1986 年第 6 期；马帮城：《略论北魏孝文帝迁都改制》，《浙江学刊》1993 年第 6 期。

② 《魏书》卷 19《任城王澄传》，第 464 页。

③ 《魏书》卷 7《高祖纪》，第 186 页。

④ 金申：《中国历代纪年佛像图典》，文物出版社，1994，第 22 页。

⑤ 金申：《中国历代纪年佛像图典》，第 75 页。

⑥ 佛教拓片研究小组：《中央研究院历史语言研究所藏北魏纪年佛教石刻拓本目录》，台湾：永登有限公司，1991，第 41 页。

⑦ 金申：《中国历代纪年佛像图典》，第 150 页。

⑧ 星云法师：《世界佛教美术图说大辞典（10 雕塑 1）》，佛光文化出版社，2013，第 600 页。

汉服供养人，各跟一身执伞幡汉服仆从；平遥县乐壁寺造像①，正光四年（523）（图24），背面刻六十四身汉服女性供养人；王龙生造像碑②（具体时间不详），正面刻三身骑马汉服供养人造像，背面可辨识十三身汉服供养人。

图 23　曹天度造像①　天安元年
（466）　山西

图片来源：《世界佛教美术图说大
辞典》。

图 24　平遥县乐壁寺造像
正光四年（523）山西

图片来源：京都大学人文科
学研究所所藏拓片。

以上汉服供养人造像，时间上贯穿孝文帝改革前后，数量上孝文帝改革之后迅速增多。首先，从迅速增长的数量来看，北魏政权的崇佛政策使佛教造像在整体上迅速增加。在造像数量增加的同时，孝文帝的汉化改革也可能对造像产生一定的影响，故汉服供养人造像数量迅速增加。其次，从题记中可知，造像供养人

---

① http://kanji.zinbun.kyoto-u.ac.jp/db-machine/imgsrv/takuhon/type_b/html/nan0249x.html.

② 星云法师：《世界佛教美术图说大辞典（10 雕塑 1）》，佛光文化出版社，2013，第 287 页。

的姓氏既有胡姓也有汉姓，无论是汉姓供养人，还是胡姓供养人，他们在造像中均以汉服来表达自己的形象。造像中的胡、汉民众皆以汉服表达自己的形象，可见胡、汉下层民众之间在一定程度上有共同的民族认同。最后，在孝文帝改革前，官方石窟中没有出现汉服供养人造像，但是在山西地区的民间造像中早在天安元年（466）时曾出现过汉服供养人造像，这说明相对于受国家政策影响比较大的官方石窟造像，下层民众供养人造像可能更注重个性化的表达，对国家政策的关注程度不高，故其受官方政令等因素的影响较小，其也在侧面体现了民众在服饰认同基础上，对汉族的认同倾向。

（二）造像中的姓氏与认同

胡、汉姓混杂供养人造像共 2 处。摩崖石刻，永安二年（529）："大魏永安二年……化主张道香、杜勤、张僧光、杨次、李世洛、张双、张周匡、程清奴、张治成、王光仁、段蠡、张僧让、王贵和、董国、程香满、李万长、张思奴、连屠、张湛寻、张果住、洪林、原欢、张宝合世人共敬造……"[①]

郭仁合造像（具体时间不详），载："……郭仁合、王仁……王思遵、王伯□、郝□门……杜魁叔……韩子林、杜衍、荣阿容……苏景邕、李元、韩景弥……霍宝胜……连阿贵、王怀玉、景法迁……杜启、呼延敬仁、段良仁、申屠……"[②]

---

① 刘泽民：《三晋石刻大全·长治》，三晋出版社，2011，第 5 页。
② 刘泽民：《三晋石刻大全·长治》，第 6 页。

这两处造像中的连氏、呼延氏应为胡姓。连屠、连阿贵应为鲜卑族，虽然连氏也有可能是汉人，因"连氏，《左传》，齐大夫连称之后"，但"又是连氏改为连，望出上党"①，因此此处的连氏应为鲜卑人，呼延敬仁应为匈奴人："（匈奴）其四姓，有呼延氏、卜氏、兰氏、乔氏"②。

以上两处造像中不仅有汉姓，而且包含胡姓，此类造像的出现应与山西历史上本就是多民族混居有关，两晋十六国时期，主要有匈奴、鲜卑、羯、氐、山胡、稽胡等少数民族。匈奴大规模进入中原，始于东汉建武二十五年（49），"南单于遣使诣阙贡献，奉藩称臣"。次年，东汉"授南单于玺绶，令入居云中"③。定襄、雁门、代等郡成为南匈奴聚居地。东汉光武帝后，乌桓移居塞内，在代郡、雁门、太原等地与汉族杂居。汉末，鲜卑步度根拥众数万落，据云中、雁门一带，北魏建立后，拓跋鲜卑的发展更为迅速。魏晋之际，羯人主要聚居于上党武乡。氐族建立的前秦一度控制并州地区，不少氐民也因此进入山西。北魏时期拓跋鲜卑控制山西，定都平城，并进行大量迁徙"以实京师"。故山西地区民间存在胡、汉混杂的民族基础，在长期的社会生活与交往中，内迁的胡族逐渐接受汉文化，再加上孝文帝改革政策的影响，胡、汉双方在日常生产、生活中友好相处，一同供养佛像表达祈愿即是这种现实生活的真实体现。

---

① 郑樵撰，王树民点校《通志二十略·氏族略》，中华书局，1995，第133页。
② 《晋书》卷97《四夷列传》，第2550页。
③ 《后汉书》卷《光武帝纪下》，第78页。

五　陕西地区佛教造像中的民族认同

陕西地区的中心长安作为丝绸之路起点，自汉代以来就与西域往来频繁。在十六国时期，后秦姚兴以国师之礼待鸠摩罗什，鸠氏于长安译佛经、宣佛法，"（姚）兴与罗什及沙门僧略、僧迁、道树、僧叡、道坦、僧肇、昙顺等八百余人，更出大品"①。不仅如此，后秦还创建了较完善的僧官制度来管理僧众，促进了后秦佛教的繁盛，长安城成为当时的一个僧人传教、译经的中心。在此影响下，陕西地区的佛教造像较多，据学者统计陕西地区共收集到146处造像，这些造像在整体形态上保存相对比较完整。但有些造像无法亲见，只在相关学者的论著中看到，而论著并没有提供笔者需要的相关服饰图像资料，故不能断定其服饰类型。如：杜氏家族合邑造像（神龟至正光年间）与庞氏造像（孝昌三年，527）等。

对于关中地区服饰改革的情况，有学者说："在关中及关陇地区，孝文帝的服饰改革得到了贯彻执行，而在以六镇为中心的北方沿边地区，仍然维持着原有的装束，表明孝文帝的汉化改革并未深入到这一地域。"② 那么具体情况如何呢？本部分将收集到的造像依服饰、姓氏分类为胡、汉服与胡、汉姓供养人造像两种情况进行分析。

---

① 《晋书》卷117《姚兴载记上》，第2984页。
② 张金龙：《北魏政治史（7）》，甘肃教育出版社，2011，第414页。

（一）造像中的服饰与民族认同

1. 胡服供养人造像

胡服供养人造像共 23 处。在此以服饰为标准分为三类：胡服族属不详供养人造像、胡姓胡服供养人造像及汉姓胡服供养人造像。

胡服汉姓供养人造像共 9 处。

扈氏一族造像[1]，太和二十年（496），台基左侧有五身胡服供养人，右侧有六身胡服供养人。

扈天郁造像[2]，太和二十年（496）（图 25），台基左侧有四身胡服供养人，右侧有五身胡服供养人。

张佰安造像[3]，太和二十三年（499），台基左侧刻三身男性胡服供养人，右侧刻四身女性胡服供养人。

何要龙造像[4]，景明至正始年间（502～508），台基刻六身胡服供养人。

郭氏造像[5]，永平年间（508～512），台基刻两身胡服供养人。

郭保畅造像[6]，延昌年间（512～515），台基左侧刻三身男性胡服供养人，右侧刻两身女性胡服供养人。

---

[1] 金申：《中国历代纪年佛像图典》，文物出版社，1994，第 89 页。
[2] 陕西省博物馆：《陕西省博物馆藏石刻选集》，文物出版社，1957，第 17 页。
[3] 刘双智：《陕西长武出土一批北魏佛教石造像》，《文物》2006 年第 1 期。
[4] 刘双智：《陕西长武出土一批北魏佛教石造像》，《文物》2006 年第 1 期。
[5] 刘双智：《陕西长武出土一批北魏佛教石造像》，《文物》2006 年第 1 期。
[6] 刘双智：《陕西长武出土一批北魏佛教石造像》，《文物》2006 年第 1 期。

图 25 扈天郁造像 太和二十年（496）陕西

图片来源：《中国历代纪年佛像图典》。

郭愿造像①，延昌二年（513），台基左、右各有三身男、女性胡服供养人。

郭始树造像②，神龟元年（518），台基左、右分别刻一身男性胡服供养人及一身女性胡服供养人。

王子悦造像③，正光元年（520），佛像左侧有一身男性胡服供养人，三身男性胡服仆从，右侧刻一身女性胡服供养人，三身女性胡服仆从。

---

① 刘双智：《陕西长武出土一批北魏佛教石造像》，《文物》2006 年第 1 期。
② 刘双智：《陕西长武出土一批北魏佛教石造像》，《文物》2006 年第 1 期。
③ 何效义：《北魏王子悦等造像碑简述》，《东方艺术》2011 年第 24 期。

**图26　仇寄奴造像　延兴
元年（471）陕西**

图片来源：《中国历代纪年
佛像图典》。

胡服胡姓供养人造像共 1 处。

仇寄奴造像①，延兴元年（471）
（图 26），背面左侧有一身男胡服供养
人。右侧有两身女性胡服供养人。仇
寄奴应为氐族："仇氏为氐族大姓，改
汉姓较早……武都、阴平为氐族聚居
之地……苻秦以后雍州仇氏为氐族大
姓，在晋南北史书中记载甚明。"② 史
籍记载的仇姓氐族非常多："窦冲走汧
川，汧川氐仇高执送之"③；"妖贼李弘
反于贰原，贰原氐仇常起兵应弘"④；
"是时，初置长蛇镇，真率众筑城，未
讫，而氐豪仇傉檀等反叛，氐民咸应，
其众甚盛。真平击之，杀四千余人，
卒城长蛇而还"⑤；"安西将军邢峦遣建
武将军傅竖眼攻武兴，克之，执绍先
送于京师，遂灭其国，以为武兴镇，
复改镇为东益州。前后镇将唐法乐，刺史杜纂、邢豹，以威惠失
衷，氐豪仇石柱等相率反叛"⑥。陕西地区一直是氐、羌民族活

---

① 金申：《中国历代纪年佛像图典》，文物出版社，1994，第 29 页。
② 陈连庆：《中国古代少数民族姓氏研究》，吉林文史出版社，1993，第 297~
299 页。
③ 《晋书》卷 117《姚兴载记》，第 2976 页。
④ 《晋书》卷 118《姚兴载记》，第 2998 页。
⑤ 《魏书》卷 30《陆真传》，第 730 页。
⑥ 《魏书》卷 101《氐传》，第 2232 页。

动的主要地区，故仇寄奴应为氏族。

胡服族属不详供养人造像共 13 处。

交脚弥勒佛坐像（具体时间不详），背面刻九身胡服供养人；赵小川造像①（具体时间不详），佛像左右各有一身胡服供养人，台基左右各有四身胡服供养人；刘真孙造像②（具体时间不详），台基有五身女性胡服供养人，一身男性胡服供养人；背屏式弥勒菩萨造像，始光五年（428）（图 27），台基刻六身供养人；和平二年（461）释迦造像，背面刻十身胡服供养人；皇兴造像③，皇兴五年（471），台基左右各有十身男、女胡服供养人；攒尖顶亭形四面佛塔，太和年间（477～499），台基残存三身胡服供养人；刘天元造像④，太和三年（479）（图 28），台基左侧刻四身男胡服供养人，右侧刻两身女胡服供养人；追远寺造像⑤，太和七年（483），台基左侧有一身执莲蕾男胡服供养人，右侧有一身执莲蕾女胡服供养人；成愿德造像⑥，永平二年（509），台基左侧有三身男胡服供养人，右侧有三身女胡服供养人；刘吏奴造像⑦，延昌年间（512～515），台基左侧有三身男胡服供养人，右侧有三身女胡服供养人；法慧造像⑧，延昌二年

---

① 刘双智：《陕西长武出土一批北魏佛教石造像》，《文物》2006 年第 1 期。
② 刘双智：《陕西长武出土一批北魏佛教石造像》，《文物》2006 年第 1 期。
③ 星云法师：《世界佛教美术图说大辞典（13 雕塑 4）》，佛光文化出版社，2013，第 1270 页。
④ 宋莉：《北魏至隋代关中地区造像碑的样式与年代考证》，博士学位论文，西安美术学院，2011，第 53 页。
⑤ 金申：《中国历代纪年佛像图典》，文物出版社，1994，第 56 页。
⑥ 张燕、赵景普：《陕西省长武县出土一批佛教造像碑》，《文物》1987 年第 3 期。
⑦ 刘双智：《陕西长武出土一批北魏佛教石造像》，《文物》2006 年第 1 期。
⑧ 刘双智：《陕西长武出土一批北魏佛教石造像》，《文物》2006 年第 1 期。

（513），下侧有一身胡服供养人；延昌三年（514）造像①，台基仅存一处胡服供养人。

图 27　背屏式弥勒菩萨造像
始光五年（428）陕西
小雁塔　图片宋莉拍摄

图片来源：《北魏至隋代关中地区造像碑的样式与年代考证》。

图 28　刘天元造像　太和三年
（479）陕西　图片
宋莉拍摄

图片来源：《北魏至隋代关中地区造像碑的样式与年代考证》。

　　在收集到的造像中除胡服族属不详供养人造像，还有胡服胡姓供养人造像和胡服汉姓供养人造像，并且数量较多。

　　首先，与官方石窟相比，陕西地区民间供养人造像未在孝文帝改革前后发生非常明显的变化，不仅如此，而且胡服供养人造像在绝对数量上呈增加趋势，当然这种数量的增加只是相对的，其原因可能为陕西地区造像整体数量较多，故出现胡服的相对概

———————————

① 　刘双智：《陕西长武出土一批北魏佛教石造像》，《文物》2006 年第 1 期。

率较大，其实在整个陕西地区的造像中，供养人造像胡服形象从整体上来说并不是太多。

至于汉姓汉人为什么会着胡服来表达自己的形象，这可能与当时陕西地区民族混居的状况有关。混居杂处的各民族之间的影响是双向的或者是相互的，既有内迁胡族接受汉文化影响的因素，同时也有汉人受胡族影响的可能。东汉末至西晋初年，原本生活在东北、北方的各胡族大量内徙至西北地区，使得这些地区的胡民族人口猛增。仅以原汉族聚居的关中为例，据元康九年（299）江统撰《徙戎论》，"关中之人百余万口，率其少多，戎狄居半"①，而"西北诸郡皆为戎居"②。自十六国至北魏各个政权也不断迁徙周边各民族的人口于关中。据史念海研究，"灭前燕后，又徙慕容纬及燕后妃王公百官并鲜卑四万余户于长安……又徙关东乌丸杂类于冯诩、北地……关中氏族聚居于三原、九峻，武功、乡材……（至后秦）由阴密徙来三万户……由河西徙来豪右万余户，由姑臧徙来后凉吕隆及其宗室巨僚等一万户……"③ 从这些迁徙中可以看到当时大量的少数民族迁到关中地区，以致胡、汉民众逐渐混杂在一起。在长期的交往与磨合过程中，胡、汉民众相互之间能很好地接受、容纳对方，而且，汉人民众也有一些胡化的趋势，就有可能以胡服来展现自己的形象。

当然也有可能是另外一种情况的反映："北魏孝文帝服制改

---

① 《晋书》卷56《江统传》，第1533页。
② 《资治通鉴》卷81 "晋武帝太康元年条"，第2575页。
③ 史念海：《十六国时期各割据霸主的迁徙人口（上篇）》，《中国历史地理论丛》1992年第3期。

革主要针对的是豪门权贵阶层，对于官僚贵族而言，着褒衣博带者主要是文官和高级武官，至于下级武官和武士则有适合其职业习惯的不同服饰，而平民百姓，限于经济能力及劳动之需，显然不会也不可能着长袍广袖之服，北魏前期的胡服或鲜卑服便成了劳动阶层的日常服饰。"[①] "龙门西山南段竣工于孝昌三年（527年）的皇甫度窟，其南北两壁壁基亦有一组大型的礼佛图造像。这一组礼佛图浮雕，从人物服饰形态上看，与宾阳中洞前述同类造像属于同一的样式，惟其画面内部若干细微之处的特写内容，颇足引起人们的注意。在这组礼佛者行列中，其相当于王者身份的人物形象的身后，每每见有一位提携主人衣裳下摆的随身侍者。表现此种人际关系的宗教雕刻，巩县石窟寺北魏礼佛图中亦有多例。由宗教雕刻中此类世俗题材写实画面的情节，可以窥见北魏晚期拓跋王朝贵族阶层法服宽博已呈叠叠冗赘之情势，以致当其举足迈步之际，不赖侍者提拎衣摆已达无法行动的程度，魏晋以来士族阶级褒衣博带服饰徒具繁缛之形式，由此足已概见其一斑"[②]。

2. 汉服供养人造像

陕西地区汉服供养人造像共收集 46 处。根据情况，将其分为两类：汉服供养人造像、汉服胡姓供养人造像。

汉服供养人造像共 42 处。

永兴三年造像，永兴三年（411），台基刻两身男性汉服供养人及两身女性汉服供养人；魏文朗造像[③]，始光元年（424），

---

① 张金龙：《北魏政治史（7）》，甘肃教育出版社，2011，第 428 页。
② 张乃翥：《从龙门造像遗迹看北魏世俗生活面貌》，《中州学刊》1993 年第 1 期。
③ 章用秀：《石雕造像鉴赏》，华龄出版社，2009，第 127 页。

碑阳刻七身汉服供养人，碑右刻三身骑马汉服供养人，一身持华盖汉服仆从；刘保生造像①，景明年间（500～503）（图29），台基刻两身汉服的供养人；杜供仁造像，景明四年（503），台基左右各有两身汉服供养人；景明四年（503）造像②，台基刻十身汉服供养人；刘范可造像③，正始年间（504～508），台基刻七身汉服供养人；吴洪标兄弟造像④，正始至延昌年间（504～515），下侧刻七身汉服供养人；冯神育造像⑤，正始二年（505），碑阳刻三十身执莲蕾汉服供养人，碑阴刻六十身汉服供养人，碑左刻十八身汉服供养人，碑右刻二十身汉

图29　刘保生造像①景明年间（500～503）陕西

图片来源：《世界佛教美术图说大辞典》。

服供养人；弥勒菩萨造像⑦，延昌年间（512～515），台基左侧有一身男性汉服供养人，右侧有一身女性汉服供养人；杨美问造像，延昌元年（512），台基刻八身汉服供养人；刘泓之造像⑧，

---

① 林树中：《中国美术全集 25 雕塑编·魏晋南北朝雕塑》，人民美术出版社，2006，第 78 页。
② 林树中：《中国美术全集 25 雕塑编·魏晋南北朝雕塑》，第 76～77 页。
③ 刘双智：《陕西长武出土一批北魏佛教石造像》，《文物》2006 年第 1 期。
④ 胡文和：《中国道教石刻艺术史》，高等教育出版社，2004，第 95～100 页。
⑤ 赵康民：《陕西临潼的北朝造像碑》，《文物》1985 年第 4 期。
⑥ 星云法师：《世界佛教美术图说大辞典（13 雕塑 4）》，佛光文化出版社，2013，第 1269 页。
⑦ 林树中：《中国美术全集 25 雕塑编·魏晋南北朝雕塑》，第 77 页。
⑧ 刘双智：《陕西长武出土一批北魏佛教石造像》，《文物》2006 年第 1 期。

延昌年间（512~515），台基刻五身汉服供养人；某清信士造像①，延昌至正光年间（512~525），台基左侧有一身男汉服供养人，右侧有一身女汉服供养人；郭伏安造像②，延昌二年（513），右下侧刻一身汉服供养人；张相造像③，延昌二年（513），台基刻两身汉服供养人；郭法造像④，延昌三年（514），台基刻两身汉服供养人；张乱国造像⑤，延昌三年（514），下侧刻十身汉服供养人；王市保造像⑥，延昌三年（514）左右，台基刻十身女汉服供养人；合右邑子七十人造像⑦，熙平至武泰年间（516~528），台基刻两层汉服供养人；邑子六十人造像⑧，熙平二年（517），碑阳刻三十八身汉服供养人，碑阴刻三十身汉服供养人；神龟元年（518）造像⑨，台基刻两身汉服供养人；刘田氏等造像⑩，神龟二年（519），碑阳仅存二十五身汉服供养人，碑阴刻三十五身汉服供养人，碑左存八身汉服供养人，碑右存八身汉服供养人；王守令造像⑪，神龟年间（518~520），下侧刻二十九身女汉服供养人；

① 中国美术全集编辑委员会:《中国美术全集雕塑篇10·云冈石窟雕刻》，文物出版社，1988，第112页。
② 刘双智:《陕西长武出土一批北魏佛教石造像》，《文物》2006年第1期。
③ 北京图书馆金石组:《北京图书馆藏中国历代石刻拓本汇编》（4册），中州古籍出版社，1989，第10页。
④ 刘双智:《陕西长武出土一批北魏佛教石造像》，《文物》2006年第1期。
⑤ 陕西耀县药王山博物馆等编《北朝佛道造像碑精选》，天津古籍出版社，1996，第58页。
⑥ 胡文和:《中国道教石刻艺术史》，高等教育出版社，2004，第91~94页。
⑦ 胡文和:《中国道教石刻艺术史》，第113~114页。
⑧ 裴建平:《碑林藏佛道合刻及道教造像》，《碑林集刊》（三），陕西人民美术出版社，1995，第127页。
⑨ 刘双智:《陕西长武出土一批北魏佛教石造像》，《文物》2006年第1期。
⑩ 赵康民:《陕西临潼的北朝造像碑》，《文物》1985年第4期。
⑪ 陕西耀县药王山博物馆等编《北朝佛道造像碑精选》，天津古籍出版社，1996，第63~68页。

神龟元年（518）左右造像①，台基仅剩一身汉服供养人；锜道憘等造像②，正光元年（520），碑阳刻九身汉服供养人，碑阴刻八身汉服供养人，碑左刻两身汉服供养人；锜麻仁造像③，正光年间（520～525），碑阳存三十九处汉服供养人，碑阴存四十三处汉服供养人；崔永高造像④，正光四年（523），下侧刻五身汉服供养人，五身执伞汉服仆从；师录生造像⑤，正光四年（523年），碑阳刻二十身汉服供养人，碑右刻六身汉服供养人；魏氏造像⑥，正光五年（524），第一层刻六身汉服供养人，五身执伞汉服仆从，下五层刻四十身汉服供养人；郭法洛造像⑦，孝昌二年（526），右侧刻三身汉服供养人；朱辅伯造像⑧，普泰元年（531），台基左侧刻两身汉服供养人，两身执伞汉服仆从，右侧刻三身骑马汉服供养人；普泰元年（531）左右造像⑨，刻一身汉服供养人；怡神达造像，普泰元年（531），台基左右两侧分别刻三身汉服供养人。史书记载："怡峰字景阜，辽西人也。本

① 宋莉：《北魏至隋代关中地区造像碑的样式与年代考证》，博士学位论文，西安美术学院，2011。

② 北京图书馆金石组：《北京图书馆藏中国历代石刻拓本汇编》（4册），中州古籍出版社，1989，第79页。

③ 胡文和：《中国道教石刻艺术史》，高等教育出版社，2004，第78～79页。

④ 北京图书馆金石组：《北京图书馆藏中国历代石刻拓本汇编》（4册），第145页。

⑤ 陕西耀县药王山博物馆等编《北朝佛道造像碑精选》，天津古籍出版社，1996，第86～91页。

⑥ 北京图书馆金石组：《北京图书馆藏中国历代石刻拓本汇编》（4册），第166页。

⑦ 宋莉：《北魏至隋代关中地区造像碑的样式与年代考证》，博士学位论文，西安美术学院，2011。

⑧ 罗宏才：《中国佛道造像碑研究》，上海大学出版社，2008，第146页。

⑨ 陕西省博物馆：《陕西省博物馆藏石刻选集》，文物出版社，1957，第22页。

姓默台，因避难改焉。"① "怡氏。姜姓之后。禹有天下，封怡绍烈山，是为墨台……墨台氏，伯夷叔齐孤竹君之氏也。" "案默台即墨台，古默墨同音。《北周书·怡峰传》：怡氏本姓默台，避难改焉。则怡氏与墨台本通。"② 太昌元年（532）造像，台基刻八身执莲蕾汉服供养人；北魏交脚弥勒造像（具体时间不详），台基左右各有一身男、女汉服供养人；佛造像（具体时间不详），台基左、右各有一身男、女汉服供养人；释迦弥勒造像（具体时间不详），台基刻十身汉服供养人；昭仁寺北魏造像③（具体时间不详），台基刻三层二十五身汉服供养人；田良宽造像（具体时间不详），下侧刻三十一身汉服供养人；田僧敬造像（具体时间不详），台基刻二十身汉服供养人；夏侯僧造像④（具体时间不详），两侧刻两身汉服供养人；魏石生造像（具体时间不详），有一身汉服骑马供养人及一些残损汉服供养人；魏雷生造像⑤（具体时间不详），下侧刻四层二十四身汉服供养人。

这些造像均为汉服造像，在时间上贯穿孝文帝改革前后。

汉服胡姓供养人造像共4处。

夫蒙文庆造像⑥，神龟二年（519），可辨识一身汉服供

---

① 《周书》卷17《怡峰传》，第282页。
② 宋衷注、秦嘉谟等辑：《世本八种》卷7《世姓篇》，中华书局，2008，第188页。
③ 张燕、赵景普：《陕西省长武县出土一批佛教造像碑》，《文物》1987年第3期。
④ 胡文和：《中国道教石刻艺术史》，高等教育出版社，2004，第110～112页。
⑤ http://rub.ihp.sinica.edu.tw/~buddhism/main01.htm.
⑥ 李淯、张光博：《药王山北朝碑石研究》，陕西旅游出版社，1999，第57～59页。

养人。

茹氏合邑一百人造像，正光三年（522）（图 30），碑阳刻四十五身汉服供养人，碑阴刻十九身汉服供养人。茹氏应为胡族。因柔然有茹氏，"茹氏：音如。《官氏志》，蠕蠕入中国为茹氏"[1]，但是《魏书》中并无此记载，只有"普陋茹氏，后改为茹氏"[2]。

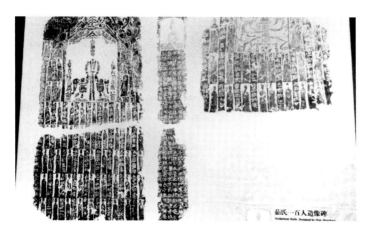

图 30　茹氏合邑一百人造像　正光三年（522）陕西碑林

图片来源：笔者拍摄。

夫蒙氏造像[3]，孝昌年间（525～527），下侧刻汉服供养人。夫蒙武奇、夫蒙米顺、夫蒙伯仁等应为羌族，"夫蒙亦做不蒙"[4]，又"王遇，字庆时，本名他恶，冯翊李润镇羌也。与雷、

---

① 郑樵撰，王树民点校《通志二十略·氏族略》，中华书局，1995，第 147 页。

② 《魏书》卷 113《官氏志》，第 3007 页。

③ 陕西省考古研究员：《陕西药王山碑刻艺术总集》，上海辞书出版社，2013，第 15 页。

④ 陈连庆：《中国古代少数民族姓氏研究》，吉林文史出版社，1993，第 273 页。

党、不蒙俱为羌中强族"①。

雷汉人造像②，永安二年（529），下侧刻五身执莲蕾汉服供养人。雷汉人应属羌族，"雷氏为羌族大姓，望出南安、新平、冯翊等地"③，冯翊即位于今陕西地区。

此处收集的胡姓汉服供养人造像仅出现在孝文帝改革之后。这种现象完全契合了孝文帝改革的时间节点。大量的汉服供养人造像出现在孝文帝汉化改革之后，可能与孝文帝改革影响有关，当然也不排除造像整体数量增加而造成汉服供养人造像数量增加。

3. 胡、汉服混杂供养人造像中的认同

胡、汉服混杂供养人造像共 5 处。

朱奇兄弟造像，延昌元年（512）（图 31），下侧第一层有两身汉服供养人，第二层左侧有一身男汉服供养人，两身胡服执华盖仆从，右侧为两身汉服供养人，一身胡服仆从。

雍光里邑子造像，正光元年（520），碑阴刻汉服供养人造像带胡服仆从。

张九娃造像④，孝昌三年（527），台基刻一身男性胡服供养人和女性汉服供养人。

朱法耀造像⑤，普泰元年（531），一层左侧刻三身执莲蕾汉服供养人，三身执伞胡服仆从，一层右侧刻五身执莲蕾汉

① 《魏书》卷 94《王遇传》，第 2023 页。
② 北京图书馆金石组：《北京图书馆藏中国历代石刻拓本汇编》（5 册），第 79 页。
③ 陈连庆：《中国古代少数民族姓氏研究》，第 267 页。
④ 李淞：《陕西佛教艺术》，文物出版社，2008，第 24 页。
⑤ 罗宏才：《中国佛道造像碑研究》，上海大学出版社，2008，第 147 页。

图31 朱奇兄弟造像 延昌元年（512）陕西碑林

图片来源：笔者拍摄。

服供养人，二层刻四身汉服骑马供养人及一身赶车汉服供养人。

郭道疆造像，永熙二年（533）（图32），碑阳台基刻两身汉服供养人，碑左五身汉服供养人，碑右从上往下顺序为一身胡服供养人及四身汉服供养人。

在这几处胡、汉服混杂造像中，从供养人姓氏来看属于汉姓汉人，但是在造像时既有胡服，也有汉服。在朱奇兄弟造像、雍光里邑子造像、朱法耀造像这三处造像中，均为汉主胡仆造像。张九娃造像则为男胡服、女汉服。郭道疆造像碑侧均有胡服供养人与汉服供养人造像。胡、汉服混杂出现较为复杂的现象，而这些造像的主人均为汉人，他们为什么

图32　郭道疆造像　永熙二年（533）陕西小雁塔

图片来源：笔者拍摄。

愿意在自己的造像中展示两种服制？

首先，在朱奇兄弟造像、雍光里邑子造像、朱法耀造像这三处汉主胡仆造像中，汉姓汉服的主人引领自己的胡服仆从供养佛像，可见下层社会并不是如北魏的朝堂一样，胡族处于比较尊崇的地位，在民间胡人也有给汉人当仆从的现象。因这三处造像均是孝文帝汉化改革之后完成，出现这种汉主胡仆的现象也可能是因为汉化改革使汉人地位得以提升。当然，更主要的原因，可能是下层民众作为被统治阶级，他们之间的民族界限意识不是太明显，反而财富、身份地位等因素会导致胡、汉民众之间形成主仆关系。

其次，在张九娃造像中，由于笔者未能看到此造像，而记录此造像的作者并没有提供造像图片及造像题记，因此只能通过原文作者的文字描述了解到造像名称、造像年代及造像中为男胡服、女汉服。张九娃为汉族，而这个汉姓汉人却在造像时穿着胡服。与他相对的女子应为其妻子，虽不明族属，但在造像中身穿汉服。从造像时间上看此造像完成于孝文帝改革之后，但是汉姓汉人用胡族服饰来表达自己的形象，可见孝文帝改革在陕西地区民间的影响还有没有波及的地方，当然也有可能如前文分析，因民族混居杂处日久，各民族间的服饰文化互相影响，同时也说明当地胡、汉民族间关系的融洽。

最后，在郭道疆造像中，左右两侧有胡服及汉服供养人。造像左侧上层刻一身汉服比丘，下侧为汉服供养人。造像右侧上层刻一身男性胡服供养人，下侧为汉服供养人。郭道疆作为汉姓汉人，其在造像时却将胡、汉服同时雕刻在造像上。从此造像题记来看，造像是郭道疆为其亡父所造，关中地区郭姓应为汉姓。这又是一种汉姓汉人穿着胡服的情况，同时从造像的布局上来看，胡服供养人位于造像上层，体现了郭氏一族对于胡族在情感上的接受与认同。当然郭氏也有可能是屠各，如"屠各郭超"[①]，如果郭道疆是屠各，那么在造像中以胡服形象出现应该是顺理成章。

同时，此造像中上层胡服供养人造像位于右侧，汉服比丘造像位于左侧，从左尊右卑的顺序来看，这反映了供养人对佛教的尊崇与认同。碑右汉服女供养人位于男胡服供养人下侧，这应表达了男尊女卑的观念。但是，从男胡服、女汉服的表达形式来看，此处造像中展现了郭道疆及其家眷对胡、汉两个民族的认同。

（二）造像中的姓氏与民族认同

陕西地区胡、汉姓混杂供养人共 8 处。

朱黑奴造像（具体时间不详）："像主朱黑奴、邑主刘也

---

① 《资治通鉴》卷 105 "孝武皇帝九年"，第 3321 页。

□……邑主朱奴子……邑子李买……邑子石显珍……邑子郎婆仁……邑子兰显□……"[1]

毛阳造像,景明元年(500):"毛阳、□安、郭后进、库白、后香,景明元年四月廿六日造。"[2]

彭进佛教造像,延昌四年(515):"祖樊息□骑将军、祖母武威孟女、父新兴假白土令、弟赤郎……弟毛进、弟黑郎、侄七宝延昌四年太岁在乙未七月□寅朔四日乙巳,彭进□敬造石像一区……"[3]

晏僧定等造像,神龟三年(520):"神龟三年岁次……晏僧定,同子出家……荔非道酋……像师雍州扶风郡始平县僧□十□师□官赵僧鸾、□□胡僧定、邑师晏僧定……香火车双廻、典坐盖肆玉……邑谓似先会仁……邑谓彭仵龙、录事似先仵明、唯那盖昌贵、典录盖宜郎……香火似先□郎。"[4]

茹小策造像,正光三年(522):"化主茹以□、化主宣木速、化主茹落周、佛道□茹武落、邑子到载勤、邑老茹百宵、邑子到山□、邑子焦阿□、录生茹白□、清信士茹葛生、录生茹道嬰、录生茹洪戚……邑子茹法落、录生茹道顾、录生茹映世、□□茹戳□、□茹天生、□宣洪朗、□□落仁……邑子剿黑是、邑子到鲁喝、邑子割英秩、邑子宣案喜……邑子张休生、录生刘阳奴、邑子茹也奴、录生刘法胜、邑子张阿定、邑

---

① 罗宏才:《中国佛道造像碑研究》,上海大学出版社,2008,第149页。
② 刘双智:《陕西长武出土一批北魏佛教石造像》,《文物》2006年第1期。
③ 西北大学等:《慈善寺与麒溪桥——佛教造像窟龛调查研究报告》,科学出版社,2002,第164页。
④ 罗宏才:《中国佛道造像碑研究》,第322页。

子刘魏奴。"①

元氏法义造像，孝昌二年（526）："大魏孝昌二年……帝主元氏法义卅五人敬造弥勒像一区……都维冉贾道顺……白舍姬……"②

杨缦黑造像，永安二年（529）："杨缦黑……永安二年……雷阿迷、同蹄龙虎、妻同蹄王宗……伏弟子雷生……竭家珍造石像一区……"③

夫蒙氏造像，永熙二年（533）："……大代永熙二年……造石像一区……清信夫蒙熙□……清信党姬香、清信同缔龙姜……邑子王芳……邑子雷意……邑子刘□……"④

以上造像中的一些姓氏明显是由胡姓而改。其中朱黑奴造像中的"郎婆仁"的郎氏应为匈奴人姓氏，"南单于既居西河，亦列置诸部王，助为扞戍……郎氏骨都侯屯定襄，左南将军屯雁门……"⑤且此前汉姓中未见有郎氏。毛阳造像中的"库白"应为鲜卑族，"库傉官氏改为库氏"⑥。晏僧定等造像中的"荔非道酋"应为羌族，"荔非氏，西羌种类也"⑦。"似先会仁"应为高丽族，"似先氏：本高丽余种也"⑧。杨缦黑造像中

① 施安昌：《北魏茹小策合邑一百人造像碑补考》，《故宫博物院院刊》2003年第4期。
② 李新宇、周海婴：《鲁迅大全集——鲁迅辑较石刻手稿（21）》，长江文艺出版社，2011，第143页。
③ 宋莉：《北魏至隋代关中地区造像碑的样式与年代考证》，博士学位论文，西安美术学院，2011，第82页。
④ 北京图书馆金石组：《北京图书馆藏中国历代石刻拓本汇编》（5册），中州古籍出版社，1989，第179~182页。
⑤ 《后汉书》卷89《南匈奴列传》，第2990页。
⑥ 郑樵撰，王树民点校《通志二十略·氏族略》，中华书局，1995，第152页。
⑦ 陈连庆：《中国古代少数民族姓氏研究》，吉林文史出版社，1993，第275页。
⑧ 郑樵撰，王树民点校《通志二十略·氏族略》，中华书局，1995，第183页。

的"杨缦黑"有可能是氐族,"仇池杨氏,氐族大姓,世为酋豪"①,北魏时期,杨氏显者有杨大眼,为武都氐杨难当之孙。"同蹄龙虎""同蹄王宗"以及夫蒙氏造像中的"同蹄龙姜"应为羌族,因为"同蹄氏为羌族大姓"②,马长寿先生进一步明确同蹄氏是西羌姓氏:"西羌以同蹄为氏者,正以其族久屯聚于铜鞮山一带之故。"③"党姬香"应为羌族,"冯翊党氏为羌族大姓"④,"王遇,字庆时,本名他恶,冯翊李润镇羌也。与雷、党、不蒙俱为羌中强族。自云其先姓王,后改氏钳耳氏,世宗时复改为王焉"⑤。茹小策造像中的"茹小策"应为鲜卑人,"普陋茹氏,后改为茹氏"⑥。

从以上造像中可以得知北魏时期陕西境内胡、汉民众通过结社,以义邑为单位供养造像、表达祈愿,因此出现了大量的胡、汉各个民族共同捐修造像的现象。对于这种情况的出现,马长寿先生的记录与分析可能更为详尽⑦。

当然这些造像的出现,有可能如何兹全先生所说是"穷"的缘故⑧,除此之外,各民族之间混居杂处也是一个重要原因,民族的迁徙与混战,使胡、汉民众杂居,下层民众,虽然有时候他们可能被本民族上层裹挟到各民族之间的混战之中,但对于各

---

① 陈连庆:《中国古代少数民族姓氏研究》,吉林文史出版社,1993,第292页。
② 陈连庆:《中国古代少数民族姓氏研究》,第271页。
③ 马长寿:《碑铭所见前秦至隋初的关中部族》广西师范大学出版社,2006,第29页。
④ 陈连庆:《中国古代少数民族姓氏研究》,第277页。
⑤ 《魏书》卷94《王遇传》,第2023页。
⑥ 《魏书》卷113《官氏志》,第3008页。
⑦ 马长寿:《碑铭所见前秦至隋初的关中部族》,中华书局,1985。
⑧ 侯旭东:《五六世纪北方民众佛教信仰——以造像记为中心的考察》,社会科学文献出版社,2015,何兹全序第2页。

民族的老百姓而言，他们之间并没有不可调和的原则性的矛盾，甚至他们可以非常友好地相处，故而愿意一同出资供养佛像。当然，也许在这些义邑中，佛教的"众生皆平等"观念也在一定程度上弱化了人们的民族属性。

造像中民族认同的时空特点

一　时间特点

官方开凿的云冈石窟中既有胡服供养人造像，也有胡、汉服混杂供养人造像以及汉服供养人造像，而且从搜集到的题记资料也可以看出还有一些胡族姓氏供养人造像。按照宿白先生的石窟分期法，云冈石窟供养人造像在服饰上存在较为明显的变化。云冈石窟第一、第二期供养人造像无论其族属是汉人还是胡族，他们都身着胡服，在第二期供养人造像中出现了胡、汉服混杂的现象，虽然这一期造像出现在汉化改革之前，但是在官方造像中出现胡服、汉服混杂现象，可能一是因为随着北魏政权的发展以及统治区域的不断扩大，政权内吸纳的汉族人士越来越多，胡汉民族同在一个朝堂议事成为习见之事，作为现实政治状况一种直接反映形式，佛教造像自然会有所体现；二也说明了不论是出于什么原因，此时胡、汉民族上层之间的关系，表面上还是比较融洽的。同时也说明孝文帝的汉化改革在一定程度上还是适应了当时的政治状况，顺应了民心。

云冈石窟第一、第二期的开凿时间基本都在太和十八年

（494）（孝文帝汉化改革开始的时间）之前，第三期主要开凿于孝文帝改革之后即 494 年到 534 年之间，在第三期供养人造像中胡服迅速消失，代之而起的是大量的汉服供养人造像。从这些变化可以看出太和十八年还是一个比较明显的分界线，可以说是一个转折节点，这与孝文帝的汉化改革时间相吻合，由此可见，不论北魏统治者实行改革的目的和后果如何，他们的这一改革十分明显地影响了佛教造像的风格，孝文帝汉化措施在官方层面得到一定程度的有效实施，同时也说明国家权力在一定程度上影响或支配了各民族之间的互相认同。

只不过，在第三期造像中，虽然供养人形象都是穿着汉服，但是从姓氏资料上看，这些供养人不仅有汉姓，同时还存在少量的胡姓，这种少量胡姓的存在表明孝文帝改革是有一些保留余地的，在一定程度上对顽固的改革反对派还是有一些让步的，同时也说明鲜卑贵族在某种程度上还是更倾向于认同其胡族姓氏以及民族身份。

龙门石窟供养人造像的数量相对于云冈石窟来说比较少，但题记的数量有所增加，这一特点提供给后人更多更明确的信息。龙门石窟造像中仅收集到 1 处胡服供养人造像，2 处明显的胡姓供养人造像，其余造像中的供养人从服饰上看，基本上皆为汉服，而在姓氏上也皆为汉化之后的单姓。

龙门石窟造像，虽然在北魏迁都之前即孝文帝改革之前就开始开凿，但大多数造像是迁都之后制作完成的。因此从供养人服饰上看，无论供养人原本是汉人还是胡人，都是以汉服的形象出现。当然这与洛阳一直是中国传统文化的中心有关，从另外一个层面上看，说明孝文帝的汉化改革在洛阳地区得到了非常好的贯彻。从造像时间来看，这些汉服供养人造像都是在孝文帝服饰改革之后出现的。龙门石窟所体现的这种现象表明了孝文帝改革对官方石窟的影响程度。

在龙门石窟中还有一个值得注意的现象是，胡、汉多个民族出现在同一造像中，这在官方造像中出现不仅是经济状况的原因，即是何兹全先生所说的"穷"，应该还有孝文帝定姓族等一系列汉化政策因素，说明孝文帝改革在缓解胡、汉上层人士矛盾上取得了一定效果。多民族合作造像的现象表明在孝文帝汉化改革政策的推动下，非华夏民族也愿意接受汉文化，而且与汉族的相处应该比较融洽，从而也在一定程度上促进胡、汉民族之间形成共同的民族认同。而且胡、汉姓混杂造像题记资料中还存在明显的不同族属之间的通婚现象，也比较客观地反映了当时的民族关系。

河北、山东、陕西、山西的民间造像呈现比较一致的趋势，即这些地区的造像并未随着孝文帝的改革而发生明显的变化。在孝文帝改革前，官方石窟大多为胡服造像，河北、山东等地区的民间造像，在改革前既有胡服供养人造像也有汉服供养人造像。孝文帝汉化改革之后，官方石窟造像中的供养人服饰大多变为汉服，而河北、山东等地区却依旧保留了胡服供养人造像。且在孝文帝改革前，这些地区供养人造像的服饰情况就比较复杂，存在汉姓汉服，胡姓胡服，胡姓汉服，汉姓胡服，胡、汉服混杂及胡、汉姓混杂供养人造像，在孝文帝改革之后这几种情况依然存在。这说明孝文帝的改革措施在官方造像中反映得比较迅速，而在民间造像中的反映比较迟缓，这也是一种正常的反映，政令的下达以及执行是需要一定的时间的，而且与政治中心的距离越大，政策的影响程度也会越弱。但是，不能由此完全否定孝文帝汉化改革在这些地区的效果，因为孝文帝改革之后，河北等地民间汉服供养人的造像明显增多，只不过没有出现与官方石窟造像同样的迅速由胡服转向汉服的明显变化而已。

与河北、山西、陕西等地民间造像略有不同，河南地区的民间造像没有发现胡服供养人。自北魏迁都洛阳之后，河南地区佛教造像的数量急剧增加。但是造像中的供养人均以汉服来表达自己的形象，且造像大多开凿于孝文帝改革之后，再加之，迁都之后，河南成为北魏的一个统治中心区域，故受孝文帝改革的影响比较大。史料记载，孝文帝对河南地区汉化效果非常重视，孝文帝对其改革效果的督责，也促进了河南地区的汉化改革效果，这种效果通过表达供养人意愿的佛教造像充分展现出来。

官方与非官方造像随时间发生的变化，存在以下异同点。

第一，孝文帝改革前官方与民间造像均存在汉姓胡服、汉姓汉服、胡姓汉服、胡姓胡服供养人造像。孝文帝改革后，民间造像依然存在此类造像，但是官方的胡服或胡姓的供养人造像现象基本消失。从这一不同点可以看出北魏孝文帝改革对官方造像中供养人形象有比较大的影响，而非官方造像受其影响较小。

第二，孝文帝改革前民间造像存在汉姓汉服、胡姓汉服及胡、汉姓混杂汉服等多种供养人造像，而在官方石窟中，汉服供养人只在孝文帝改革之后出现。明显可以看出民间造像中的汉服供养人造像并非完全是孝文帝改革的结果，其在孝文帝改革前已经存在。山西、河北等地民间造像中的胡、汉姓混杂与胡、汉服混杂供养人的存在在一定程度上反映当时胡、汉下层民众之间的和睦相处的状况，而这种混居杂处的局面又为形成共同的民族认同奠定了坚实的现实基础。

第三，因鲜卑政权的崇佛政策，佛教迅速发展，官方与非官方的造像数量整体迅速增加。太武帝灭佛期间，北魏境内的造像仅存 3 处。太武帝之后，北魏政权的各个皇帝基本上对佛教实行的都是推崇政策，因此，境内的佛教造像数量又迅速增加。而且官方与非官方造像中的汉姓汉服、胡姓汉服供养人造像的数量都有所增加。从官方造像中可以看出明显的变化已经得知政令在其发展中起巨大作用，故汉化改革后造像中的服饰基本上都以汉服为主。非官方造像虽然情况较为复杂，但是在总体趋势上汉服供养人造像的数量呈迅速增加趋势。造像数量的不断增加可能因为北魏政权崇佛政策，汉服供养人增多可能是汉化改革对民间造像产生影响，也可能是造像整体数量的增加造成汉服造像数量的相对增加。但是这些造像在特定的时间点发生的变化也显示出供养者心中的民族趋向与民族认同的变化。

此外，在官方造像中，也有对胡族姓氏如"贺若"保留原状的情况，这在某种程度上可以反映当时鲜卑政权的代表人物孝文帝在推行改革的过程中，为了更好地笼络拓跋贵族，减少来自他们的阻力，会采取一些灵活措施。这也表明孝文帝的汉化改革无论是从主观上还是客观上都有不彻底的地方，因此，对于孝文帝推行的改革既不能完全否定，也不能夸大。

有如日本学者所说："十六国时期胡族政权的国王们，他们怎样看待自己的胡族身份是一个十分有趣的问题。然而，大多数胡族在承认自己是胡族的同时，好像也怀有对汉族的对抗意识。鲜卑的拓跋部也许怀有同样的意识，穿着胡族的形象甚至显示出一种自豪感。但是在华北统一后，由于拓跋氏的上层具备汉文化的教养从而士大夫化，到了孝文帝时代胡汉的对立意识薄弱了，相反，却向着被汉族同化的方向前进。太和十年（486），孝文帝实施了服制改革，那时只是以祭祀或朝礼为对象的改革，太和十八年（494）孝文帝命令胡族也要摈弃胡服而穿着汉服。北魏造像的胡服供养人像的表现，是对汉族对抗意识十分旺盛时期的作品，或者是具有强烈意识的阶层或人们施造的形像。但是，仅就实例而言，胡服的表现在迁都洛阳后依然有所遗存，孝文帝改革不过在极少一部分阶层中实施，事实上一般的庶民阶层依然可以穿着自己习惯了的胡服。"①

二　空间特点

如官方石窟造像中认同的时间特点所述，云冈、龙门两处官方石窟供养人造像在时间上随孝文帝改革出现迅速变化。北魏政权定都平城时期，在平城附近修建云冈大型石窟，迁都洛阳后，在洛阳修建龙门石窟。在孝文帝迁都后，云冈石窟继续修建，石窟造像不再为大型雕塑，开始出现花、鸟、虫、鱼等石刻，但是石窟中供养人造像还是随孝文帝的改革出现了相应的汉化。

随着汉化改革云冈石窟中的胡服供养人造像销声匿迹，可见在官方石窟中，空间距离对政权的政策指令不存在多大影响，甚至不会有所滞缓。孝文帝迁都洛阳之后，龙门石窟造像迅速发展，同时，石窟中的供养人造像服饰基本转变为褒衣博带式汉

---

① 〔日〕石松日奈子撰《北魏佛教造像史研究》，筱原典生译，文物出版社，2012，第201页。

服，胡族姓氏也转为简化后的单姓。这也展现了官方造像中胡、汉供养人所展现的民族认同因素基本由官方政令决定。

在非官方造像中陕西、河北、山东、山西造像呈现相似的趋势，即未因孝文帝的汉化改革迅速发生改变。陕西、河北、山东、山西地区佛教发展存在一定基础，故造像之风兴起后迅速发展。在太武帝灭佛期间，北魏境内仅存 3 处佛教造像，山东地区为躲避灾难还出现了独特的"窖藏佛像"，故鲜卑政权的崇佛及抑佛政策对造像发展存在一定的作用。但是官方政令对民间造像的影响并不深入，以孝文帝改革为节点，官方石窟供养人造像迅速从胡服变为汉服，而在民间在其改革前后均存在胡服及汉服供养人造像，只是改革后汉服供养人造像在数量上明显增加。

与官方造像中胡、汉姓混杂造像仅存于孝文帝改革之后不同，非官方造像中的胡、汉姓混杂造像，无论是孝文帝改革前还是改革后均有。由此反映出孝文帝的汉化改革对这两种类型造像的影响程度不同，官方造像受孝文帝改革影响较大，非官方造像受孝文帝改革的影响呈现弱化的现象。并且非官方造像由于受不同的历史、地域等因素影响，不同地区供养人造像及题记反映的胡、汉民众之间的认同表现出不同的特征。

非官方造像中，河南地区造像受孝文帝汉化改革影响较深。因为河南现有的造像中，其供养人无论姓氏、族属，在造像中都以汉服表达自己的形象，现有的有题记的三处民间造像均为胡、汉姓混杂供养人造像，且都制作完成于孝文帝改革之后，原属于不同民族的不同姓氏的供养人出现在同一造像之中，也说明了孝文帝汉化改革在河南地区的效果。虽然这种混杂现象极有可能是如同何兹全先生所说"穷"的原因，但也在一定程度上表明胡、汉民族之间混居杂处、友好相处的一种日常状态。

但是孝文帝改革的影响效果表现在造像上，除河南地区比较明显之外，其他地区相对来说比较不明显。陕西、山西、河北、山东造像中，没有在孝文帝改革前后出现较大的差异。也就是说，无论是改革前还是改革后，服饰上都是既有胡服供养人，也有汉服供养人，从姓氏上看也是如此，既有汉姓供养人，也有胡姓供养人，这说明孝文帝的汉化改革在民间的实施与执行有滞后现象，或者说老百姓对国家政策的执行比较随意和自由，同时也是当时民族聚居状况的一种反映，说明这些地区的民族相处状况比较好。十六国北朝时期各个政权之间的民族迁徙使得整个北方地区各个民族混居杂处，这种状况自然会对这些地区的民间造像有一定的影响。

十六国北朝时期各民族之间的融合，以及北方胡族一定程度的汉化，对当时在各地区汉服供养人造像数量的增加有一定的促进作用。同时在孝文帝改革前后均出现胡服汉姓，胡服胡姓，汉服汉姓，汉服胡姓，胡、汉服混杂以及胡、汉姓混杂的供养人造像，表明此一时期在各种因素的相互作用下，各民族之间的融合、汉化促进了胡、汉民众之间的民族认同，故其在造像时愿意以胡服或者汉服展示自己的形象，表达自己的民族认同。

综上所述，佛教造像随着佛教的传入开始进入中国，因此出现比较早，但是直至北魏时期因统治阶级的支持和鼓励，造像之风才渐兴。北魏太武帝时期的"灭佛"对当时的佛教造像发展造成一定影响，阻碍了佛教造像事业的发展，但是，后期北魏统治阶级再一次推行崇佛政策又推进了佛教造像的迅速发展。

对于北魏孝文帝的汉化改革，学界多认为其大大促进了胡、汉两个民族之间的融合。现阶段主流观点也是大多肯定孝文帝汉化改革，从收集的官方与非官方的供养人造像及题记来看，孝文帝的改革对上、下两个阶层的影响并非一致。从孝文帝汉化改革的内容来看，其对上层人士的汉化更为关注，故在官方石窟中，随着孝文帝改革措施的发布，造像中供养人的姓氏、服饰均迅速出现汉化现象。不仅北魏后期的政治文化中心洛阳如此，就是已经远离政治中心的云冈石窟造像也未出现汉化迟滞现象。这说明在官方石窟造像中，汉化政策的推行，很快在造像中反映出来。

但是，在非官方造像中，供养人姓氏、服饰似乎并未受到孝文帝改革太大的影响。在孝文帝改革前后无论是河北、陕西还是山西，石窟造像中出现的供养人形象均存在胡服供养人，汉服供养人，胡、汉服混杂及胡、汉姓混杂等现象，情况比较复杂。当然，在孝文帝改革之后，民间汉服供养人造像的数量迅速增多，既可能是受孝文帝汉化改革的影响，也可能是因为整体造像数量增多而出现汉服供养人相对数量的增加。

民间造像在孝文帝改革之后存在胡服供养人造像，可能因为政策在民间的实施往往略微滞后于政策的发布。虽说如此，但是在孝文帝改革之前各个地区的民间造像即存在汉服供养人造像，这是民间造像与官方造像不同之处。这说明在民间或下层老百姓之间，胡、汉各个民族的民众之间并没有太大或比较明显的民族区隔，由于他们之间生活密切相关，因此关系非常融洽，互相之间存在一定程度的认同，故非官方造像存在与官方造像相异的现象。

　　不仅如此，在造像中我们可以明显地看到北魏时期官方与非官方或上层人士与下层民众的民族认同及变化。官方造像所反映的胡、汉上层人士的认同主要受官方政令的影响比较多，故鲜卑政权的汉化政策在一定程度上促进了胡、汉上层人士之间的民族认同。也由此可以看到，学术界关于孝文帝汉化改革的效果评价有过誉之嫌。孝文帝的汉化改革确实促进北魏境内官方造像的汉化趋势，促使非官方造像中汉服供养人造像数量的迅速增多，但是也不能排除造像整体数量的增加而造成汉服造像相对增加。同时，我们更不能忽略在长期民族混杂基础上，胡、汉下层民众形成的相互间的民族认同。

参考文献

古籍类：

司马光：《资治通鉴》，中华书局，1956。

司马迁：《史记》，中华书局，1959。

陈寿：《三国志》，中华书局，1959。

李昉：《太平御览》，中华书局，1960。

王钦若：《册府元龟》，中华书局，1960。

班固：《汉书》，中华书局，1962。

杨衒之撰，周祖谟校释《洛阳伽蓝记校释》，中华书局，1963。

范晔：《后汉书》，中华书局，1965。

欧阳询：《艺文类聚》，上海古籍出版社，1965。

令狐德棻：《周书》，中华书局，1971

李百药：《北齐书》，中华书局，1972。

萧子显：《南齐书》，中华书局，1972。

姚思廉：《梁书》，中华书局，1973。

魏徵、令狐德棻：《隋书》，中华书局，1973。

沈约:《宋书》,中华书局,1974。

魏收:《魏书》,中华书局,1974。

房玄龄:《晋书》,中华书局,1974。

李延寿:《北史》,中华书局,1974。

刘昫:《旧唐书》,中华书局,1975。

欧阳修:《新唐书》,中华书局,1975。

董诰:《全唐文》,中华书局,1982。

慧皎撰,汤用彤校注《高僧传》,中华书局,1994。

林宝撰,岑仲勉校记《元和姓纂(附四校记)》,中华书局,1994。

郑樵撰,王树民点校《通志二十略》,中华书局,1995。

赵明诚:《金石录》,江苏古籍出版社,1998。

顾炎武:《金石文字记》江苏古籍出版社,1998。

王昶:《金石萃编》,江苏古籍出版社,1998。

陆增祥:《八琼室金石补正》,江苏古籍出版社,1998。

端方:《陶斋藏石记》,江苏古籍出版社,1998。

毕沅:《中州金石记》,江苏古籍出版社,1998。

胡聘之:《山右石刻丛编》,江苏古籍出版社,1998。

阮元:《山左金石志》,江苏古籍出版社,1998。

武树善:《陕西金石志》,江苏古籍出版社,1998。

毛凤枝:《关中石刻文字新编》,江苏古籍出版社,1998。

邓名世:《古今姓氏书辩证》,江西人民出版社,2006。

顾炎武著,黄汝成集释,栾保群、吕宗方校点《日知录集释》,上海古籍出版社,2006。

刘知几撰,浦起龙通释《史通通释》,上海古籍出版社,2015。

著作类：

陕西省博物馆：《陕西省博物馆藏石刻选集》，文物出版社，1957。

姚薇元：《北朝胡姓考》，科学出版社，1958。

山西云冈石窟文物保管所：《云冈石窟》，文物出版社，1973。

山西文物工作委员会：《云冈石窟》，文物出版社，1977。

新文化出版社编《石刻史料新编》，新文化出版社，1977。

龙门文物保管所：《龙门石窟》，文物出版社，1980。

唐长孺：《魏晋南北朝史论拾遗》，中华书局，1983。

黄烈：《中国古代民族史研究》，人民出版社，1987。

万绳楠整理《陈寅恪魏晋南北朝史讲演录》，黄山书社，1987。

宿白：《中国美术全集雕塑篇·云冈石窟雕刻》，文物出版社，1988。

周一良：《魏晋南北朝史论》，辽宁教育出版社，1988。

北京图书馆金石组编《北京图书馆藏中国历代石刻拓本汇编》，中州古籍出版社，1989。

佛教拓片研究小组：《中央研究院历史语言研究所藏北魏纪年佛教石刻拓本目录》，永登有限公司，1991。

任继愈：《中国佛教史》，中国社会科学出版社，1991。

云冈石窟文物保管所：《中国石窟：云冈石窟》，文物出版社，1991。

龙门文物保管所：《中国石窟·龙门石窟》，文物出版社，1992。

陈连庆：《中国古代少数民族姓氏研究》，吉林文史出版社，1993。

金申：《中国历代纪年佛像图典》，文物出版社，1994。

王仲荦、郑宜秀：《崦华山馆丛稿续编》，中华书局，2007。

阎文儒：《龙门石窟研究》，书目文献出版社，1995。

国家文物局编《中国文物精华大辞典》，上海辞书出版社，1995。

陕西耀县药王山博物馆：《北朝佛道造像碑精选》，天津古籍出版社，1996。

白翠琴：《魏晋南北朝民族史》，四川民族出版社，1996。

饶宗颐：《中国史学上之正统论》，中华书局，2015。

宿白：《中国石窟寺研究》，文物出版社，1996。

董国柱：《陕西金石文献汇集——高陵碑石》，三秦出版社，1999。

李改、张光博：《药王山北朝碑石研究》，陕西旅游出版社，1999。

夏路、刘永生：《山西省博物馆馆藏文物精华》，山西人民出版社，1999。

青州市博物馆编《青州龙兴寺佛教造像艺术》，山东美术出版社，1999。

图书馆善本金石组：《历代石刻史料汇编》，北京图书馆出版社，2000。

吴元真：《北京图书馆藏龙门石窟造像题记拓本全编——北魏》，广西师范大学出版社，2000。

周绍良、赵超主编《唐代墓志汇编续集》，上海古籍出版社,2001。

李治国:《中国石窟雕塑全集·云冈》,重庆出版社,2001。

温玉成:《中国石窟雕塑全集·龙门》,重庆出版社,2001。

丁明夷:《中国石窟雕塑全集·北方六省》,重庆出版社,2000。

马自树:《中国文物定级图典》,上海辞书出版社,2001。

刘景龙:《古阳洞龙门石窟》,科学出版社,2001。

刘景龙:《莲花窟龙门石窟》,科学出版社,2001。

刘景龙:《龙门石窟造像全集》,文物出版社,2002。

王建琪、王华庆:《青州北朝佛教造像》,北京出版社,2002。

阎文儒:《云冈石窟研究》,广西师范大学出版社,2003。

张继昊:《从拓跋到北魏——北魏王朝创建历史的考察》,稻乡出版社,2003。

〔日〕谷川道雄:《隋唐帝国形成史论》,上海古籍出版社,2004。

国家图书馆善本金石组编《先秦秦汉魏晋南北朝石刻文献全编》,国家图书馆出版社,2004。

胡文和:《中国道教石刻艺术史》,高等教育出版社,2004。

黄永年:《六至九世纪中国政治史》,上海书店出版社,2004。

孙迪:《中国流失海外佛教造像总合图目》,外文出版社,2005。

侯旭东:《北朝村民的生活世界:朝廷、州县与村里》,商务印书馆，2005。

巫鸿：《武梁祠——中国古代画像艺术的思想性》，三联书店，2006。

马长寿：《碑铭所见前秦至隋初的关中部族》，广西大学出版社，2006。

马长寿：《乌桓与鲜卑》，广西师范大学出版社，2006。

林树中：《中国美术全集》，人民美术出版社，2006。

林树中：《海外藏中国历代雕塑》，江西美术出版社，2006。

李振：《龙门石窟》，河南人民出版社，2006。

王明珂：《华夏边缘——历史记忆与族群认同》，社会科学文献出版社，2006。

新文丰出版股份有限公司：《石刻史料新编影印本》，新文丰出版股份有限公司，2006。

李志国：《2005 年云冈国际学术研讨会论文集》，文物出版社，2006。

余华青、张廷皓：《陕西碑石精华》，三秦出版社，2006。

周伟洲：《汉赵国史》，广西师范大学出版社，2006。

王仲荦：《魏晋南北朝史》，中华书局，2007。

彭燕凝：《南北朝金铜佛像》，浙江大学出版社，2008。

李淞：《陕西佛教艺术》，文物出版社，2008。

彼得·伯克：《图像证史》，北京大学出版社，2008。

罗宏才：《中国佛道造像碑研究》，上海大学出版社，2008。

张乃翥：《龙门佛教造像》，文物出版社，2008。

汤用彤：《汉魏两晋南北朝佛教史》，武汉大学出版社，2008。

唐长孺：《魏晋南北朝史论丛》，中华书局，2009。

张泽珣：《北魏关中造像记研究》，澳门大学出版中心，2009。

陈勇：《汉赵史论稿——匈奴屠各建国的政治史考察》，商务印书馆，2009。

罗新：《中古北族名号研究》，北京大学出版社，2009。

冯骥才：《中国大同雕塑全集云冈石窟雕刻卷》，中华书局，2010。

李新宇、周海婴：《鲁迅大全集—鲁迅辑较石刻手稿》，长江文艺出版社，2011。

刘泽民：《三晋石刻大全》，三晋出版社，2011。

张乃翥：《龙门区系石刻文萃》，国家图书出版社，2011。

汤用彤：《汉魏两晋南北朝佛教史》，北京大学出版社，2011。

伊沛霞：《早期中华帝国的贵族家庭——博陵崔氏个案研究》，范兆飞译，上海古籍出版社，2011。

李森：《青州龙兴寺历史与窖藏佛教造像研究》，山东大学出版社，2012。

〔日〕石松日奈子撰《北魏佛教造像史研究》，筱原典生译，文物出版社，2012。

胡戟、荣新江主编《大唐西市博物馆藏墓志》，北京大学出版社，2012。

叶德荣：《汉晋胡汉佛教论稿》，兰州大学出版社，2012。

星云法师：《世界佛教美术图说大辞典》，佛光文化出版社，2013。

郑岩：《逝者的面具——汉唐墓葬艺术研究》，北京大学出版社，2013。

赵力光：《西安碑林博物馆藏墓志续编》，陕西师范大学出版总社有限公司，2014。

〔日〕白鸟库吉：《东胡民族考》，方壮猷译，山西人民出版社，2015。

侯旭东：《五六世纪北方民众佛教信仰——以造像记为中心的考察》，社会科学文献出版社，2015。

期刊论文：

宿白：《云冈石窟分期试论》，《考古学报》1978年第1期。

史树青：《北魏曹天度造千佛石塔》，《文物》1980年第1期。

河南省郑州市博物馆：《河南荥阳大海寺出土的石刻造像》，《文物》1980年第3期。

阎文儒：《云冈石窟的开创和题材的分析（上、下)》，《社会科学辑刊》1980年第5、6期。

于晓兴：《郑州市发现两批北朝石刻造像》，《中原文物》1981年第2期。

刘洪石：《孔望山出土北朝造像》，《文物》1981年第7期。

赵超：《〈郑州市发现两批北朝石刻造像〉释文补正》，《中原文物》1983年第3期。

常叙政、李少南：《山东省博兴县出土一批北朝造像》，《文物》1983年第7期。

李勇、刘军：《山西省武乡县党城村出土七件北朝铜造像》，

《文物》1984 年第 5 期。

孙善德：《青岛市新征集一件北魏石造像》，《文物》1985 年第 1 期。

张秀清：《郑州出土一批北朝铜造像》，《中原文物》1985 年第 1 期。

李献奇：《北魏正光四年翟兴祖等人造像碑》，《中原文物》1985 年第 2 期。

赵康：《陕西临潼的北朝造像碑》，《文物》1985 年第 4 期。

刘东亚：《近几年来河南征集一批有纪年的铜佛像》，《中原文物》1986 年第 1 期。

张燕、赵景普：《陕西省长武县出土一批佛教造像碑》，《文物》1987 年第 3 期。

韩伟、阴志毅：《耀县药王山的道教造像碑》，《考古与文物》1987 年第 3 期。

靳润成：《十六国国号与地域关系》，《历史教学》1988 年第 5 期。

张乃翥：《从龙门石窟造像遗迹看北魏民族关系中的几个问题》，《民族研究》1989 年第 2 期。

刘建华：《河北蔚县北魏太平真君五年朱业微石造像》，《考古》1989 年第 9 期。

郝春文：《东晋南北朝时期的佛教结社》，《历史研究》1992 年第 1 期。

何德章：《北魏国号与正统问题》，《历史研究》1992 年第 3 期。

史念海：《十六国时期各割据霸主的迁徙人口》，《中国历史地理论丛》1992 年第 3、4 期。

刘凤君:《山东地区北朝佛教造像艺术》,《考古学报》1993 年第 3 期。

雷家骥:《后赵文化适应及其两制统治》,《国立中正大学学报》(人文分册)1994 年第 1 期。

雷家骥:《慕容燕的汉化统治与适应》,《东吴历史学报》1995 年第 1 期。

刘汉东:《魏晋南北朝时期民族文化素质与民族大融合——中国文化与民族精神心理探析之三》,《北朝研究》1995 年第 1 期。

李文生、孙新科:《龙门石窟佛社造像初探佛教研究》,《世界宗教研究》1995 年第 3 期。

雷家骥:《前后秦的文化、国体、政策及其兴亡的关系》,《国立中正大学学报》1996 年第 1 期。

侯旭东:《论南北朝时期造像风气产生的原因》,《文史哲》1997 年第 5 期。

罗新:《五燕政权下的华北士族》,《国学研究》第四卷,北京大学出版社,1997。

钱国旗:《民族融合的良性发展模式——论南迁拓跋鲜卑与汉族的融合》,《民族研究》1998 年第 4 期。

侯旭东:《十六国北朝时期战乱与佛教发展关系新考》,《中国史研究》1998 年第 4 期。

古正美:《东南亚的"天王传统"与后赵时代的"天王传统"》,中国佛教文化研究所《佛学研究》第 7 期,1998。

弗里德里克·巴斯撰《族群与边界》,高崇译,《广西民族学院学报》（哲学社会科学版）1999 年第 1 期。

侯旭东：《造像记与北朝社会史研究的回顾与展望》，《中国史研究动态》1999 年第 1 期。

高艳霞：《河北弥勒造像题记考》，《文物春秋》1999 年第 2 期。

宿白：《青州龙兴寺窖藏所出佛像的几个问题——青州城与龙兴寺之三》，《文物》1999 年第 10 期。

陈友冰：《十六国北魏时期的"夷夏之辨"》，《史林》2000 年第 1 期。

黎毓雯：《姚兴政权与佛教》，硕士学位论文，（台湾）中国文化大学，2000。

王巧莲、刘友恒：《介绍一件北魏太平真君元年石造像》，《文物春秋》2000 年第 3 期。

侯旭东：《北朝民间佛事活动与民众佛教信仰》，《文史知识》2000 年第 8 期。

侯旭东：《北朝乡里制与村民的生活世界——以石刻为中心的考察》，《历史研究》2001 年第 6 期。

〔日〕川本芳昭：《关于五胡十六国北朝时代的"正统"王朝》，邓红、牟发松译，中国魏晋南北朝史学编《北朝研究》第 2 辑，北京燕山出版社，2001。

刘凤君：《青州地区北朝晚期石佛像与"青州风格"》，《考古学报》2002 年第 1 期。

周伯戡：《姚兴与佛教天王》，《台大历史学报》（东正政法与文化）2002 年第 30 期。

赵野春：《鲜卑汉化——论北魏孝文帝改革对民族关系的调

整》，《西北民族研究》2003 年第 2 期。

施安昌：《北魏茹小策合邑一百人造像碑补考》，《故宫博物院院刊》2003 年第 4 期。

罗新：《十六国北朝的五德历运》，《中国史研究》2004 年第 3 期。

李雪芹：《试论云冈石窟供养人的服饰特点》，《文物研究》2005 年第 5 期。

刘双智：《陕西长武出土一批北魏佛教石造像》，《文物》2006 年第 1 期。

王景荃：《刘碑寺造像碑研究》，《中原文物》2006 年第 1 期。

邓乐群：《北魏统一中原前十六国政权的汉化先声》，《清华大学学报》（哲学社会科学版）2006 年第 2 期。

李静杰：《青州风格佛教造像的形成与发展》，《敦煌研究》2007 年第 2 期。

邵正坤：《试论北朝家庭的佛教信仰》，《殷都学刊》2007 年第 2 期。

王景荃：《孔惠超造像及其年代考》，《中原文物》2007 年第 6 期。

温海清：《北魏、北周、唐时期追祖李陵现象述论——以"拓跋鲜卑系李陵之后"为中心》，《民族研究》2007 年第 3 期。

陈金凤：《北魏正统化略论》，《黑龙江民族丛刊》2008 年第 1 期。

仇鹿鸣：《"攀附先世"与"伪冒士籍"——以渤海高氏为中心的研究》，《历史研究》2008 年第 2 期。

卢秀文：《敦煌莫高窟早期三窟供养人服饰研究》，《敦煌学辑刊》2008 年第 4 期。

袁剑：《中国历史中的政治、族群与边疆：另一张隐在的面孔》，《西北民族研究》2009 年第 4 期。

石松日奈子：《中国佛教造像中的供养人像——佛教美术史研究的新视点》，《中原文物》2009 年第 5 期。

〔日〕石松日奈子、筱原典生：《龙门石窟和巩县石窟的汉服贵族供养人像——"主从形式供养人图像"的成立》，《石窟寺研究》2010 年第 2 期。

衣丽都：《邯郸成安县出土的北魏太和六年释迦三尊像》，《敦煌研究》2012 年第 3 期。

金维诺：《青州龙兴寺历史与窖藏佛教造像研究序》，《世界宗教研究》2013 年第 5 期。

范兆飞：《中古郡望的成立与崩溃——以太原王氏的谱系塑造为中心》，《厦门大学学报》（哲学社会科学版）2013 年第 5 期。

胡鸿：《中古前期有关异族的知识建构——正史异族传的基础性研究》，《中国中古史研究》第 4 卷，中华书局，2014。

王静芬撰《族性与认同——南北朝时期作为佛教艺术供养人的北方游牧民》，郑杰译，《西北民族论丛》2014 年第 10 辑。

邵正坤：《北朝的村落与权力——以造像记为中心》，《社会科学战线》2014 年第 5 期。

张淑敏、贾庆霞：《山东博兴博物馆藏北朝弥勒造像》，《法音》2014 年第 8 期。

段锐超：《北朝民族认同研究》，博士学位论文，郑州大学，

2014。

任旭华：《北魏魏石生佛教造像的命名与断代》，《收藏界》2015 年第 1 期。

胡鸿：《十六国的华夏化："史相"与"史实"之间》，《中国史研究》2015 年第 1 期。

仇鹿鸣：《制作郡望：中古南阳张氏的形成》，《历史研究》2016 年第 3 期。

尚永亮，龙成松：《中古胡姓家族之族源叙事与民族认同》，《文史哲》2016 年第 4 期。

王明珂：《论攀附：近代炎黄子孙国族建构的古代基础》，《中央研究院历史语言研究所集刊》第 73 本第 3 分册。

外文文献：

沙畹：《北中国考古图录》，imprimerie nationale（法国国家印刷局），1909。

大村西崖：《支那美术史·雕塑篇》，日本东京出版，1920。

日本考古学会编《造像铭记》，考古学会，1936。

水野清一、长广敏雄：《龍門石窟の研究》，座右寶刊行會，1941。

常盘大定：《支那佛教史迹踏查记》，龙吟社，1942。

水野清一、长广敏雄：《云冈石窟》，京都大学人文科学研究所，1951。

松原三郎：《中国佛教雕刻史研究》，吉川弘文馆，1966。

塚本善隆：《北朝佛教研究》，大东出版社，1974。

学术网站：

典藏台湾：http：//digitalarchives. tw/。

台湾图书馆金石拓片资料库：http：//rarebook. ncl. edu. tw/gold/。

京都大学石刻拓本：http：//kanji. zinbun. kyoto－u. ac. jp/db－machine/imgsrv/takuhon/t_ menu. html。

北京大学数字图书馆古文献资源库：http：//rbdl. calis. edu. cn/aopac/indexold. j。

后　记

　　这是本人教育部人文规划基金项目的最终结项成果，当时填写课题申请表时，计划要全面、系统地梳理十六国北朝时期的民族认同，但是在实际操作过程中，发现按原来的思路进行的话，最早预设的全面、系统的目标也许会达到，但有些问题只能泛泛而谈，不能深入，再加之，由于古代史书传统书写模式及书写宗旨的影响，有些资料的链条会发生断裂，全面的目标或许可以达到，但系统的要求无法达成，因此调整思路，开始将视线转向个案研究，虽然现在呈现的成果主要是个案研究，但是研究内容仍旧可以覆盖十六国北朝时期。

　　由于某种因素的限制，无论是正史资料还是墓志资料，有关民族中下层普通民众的材料较为稀少，因此，关于十六国北朝时期民族认同的考察就大多只能从其上层精英展开。记录精英阶层的文本在一定程度上是能够反映其所代表民族的集体心态的，而图像部分中的一些内容或许可以弥补其不足之处。

　　虽然此项目的结项成果以个案研究为主，有些问题相对于原先设想的研究思路稍加深入，即便如此，仍有一些值得进一步探讨的个案没有完成，而且个案研究相对于全面、系统的研究还是存在一定的片面性。

文中的图像部分，主要是在硕士研究生王晓娜前期工作的基础上修改而成，在此特别感谢王晓娜的付出，同时也感谢责编高振华对于拙著出版付出的辛劳。

图书在版编目（CIP）数据

合为一家：十六国北魏时期的民族认同／吴洪琳著
. -- 北京：社会科学文献出版社，2020.1（2021.3 重印）
（西部边疆研究丛书）
ISBN 978 - 7 - 5201 - 4700 - 2

Ⅰ.①合… Ⅱ.①吴… Ⅲ.①民族融合 - 研究 - 中国
- 五胡十六国时代 Ⅳ.①K280.038

中国版本图书馆 CIP 数据核字（2019）第 068850 号

·西部边疆研究丛书·
合为一家：十六国北魏时期的民族认同

著　　者／吴洪琳

出 版 人／王利民
责任编辑／高振华
文稿编辑／侯婧怡

出　　版／社会科学文献出版社·城市和绿色发展分社（010）59367143
　　　　　　地址：北京市北三环中路甲 29 号院华龙大厦　邮编：100029
　　　　　　网址：www. ssap. com. cn
发　　行／市场营销中心（010）59367081　59367083
印　　装／三河市东方印刷有限公司

规　　格／开 本：787mm × 1092mm　1/16
　　　　　　印 张：16.75　字 数：195 千字
版　　次／2020 年 1 月第 1 版　2021 年 3 月第 3 次印刷
书　　号／ISBN 978 - 7 - 5201 - 4700 - 2
定　　价／69.00 元